"我是小小集邮家"丛书

认识邮票中的文学与生肖故事

谢宇　主编

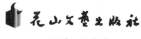

花山文艺出版社

河北·石家庄

图书在版编目（CIP）数据

认识邮票中的文学与生肖故事 / 谢宇主编. -- 石家庄：花山文艺出版社，2013.6（2022.3重印）
　（我是小小集邮家丛书）
　ISBN 978-7-5511-1140-9

　Ⅰ．①认… Ⅱ．①谢… Ⅲ．①邮票－中国－图集②中国文学－当代文学－文学史－青年读物③十二生肖－青年读物 Ⅳ．①G894.1②I209.7-49③K892.21-49

中国版本图书馆CIP数据核字（2013）第128557号

丛 书 名：“我是小小集邮家”丛书
书　　名：认识邮票中的文学与生肖故事
主　　编：谢　宇
责任编辑：梁东方
封面设计：慧敏书装
美术编辑：胡彤亮
出版发行：花山文艺出版社（邮政编码：050061）
　　　　　（河北省石家庄市友谊北大街 330号）
销售热线：0311-88643221
传　　真：0311-88643234
印　　刷：北京一鑫印务有限责任公司
经　　销：新华书店
开　　本：880×1230　1/16
印　　张：10
字　　数：160千字
版　　次：2013年7月第1版
　　　　　2022年3月第2次印刷
书　　号：ISBN 978-7-5511-1140-9
定　　价：38.00元

"我是小小集邮家"丛书

分册书名

1.认识邮票中的建筑艺术

2.认识邮票中的军事故事

3.认识邮票中的体育竞技

4.认识邮票中的文学与生肖故事

5.认识邮票中的植物世界

6.认识邮票中的动物世界

7.认识邮票中的名胜古迹 (1、2)

8.认识邮票中的社会建设成就 (1、2)

9.认识邮票中的艺术世界 (1、2)

10.认识邮票中的民俗与节日 (1、2、3)

11.认识邮票中的古今人物 (1、2、3)

编 委 会

前 言

新中国的邮票从1949年开始发行，基本都以建筑、自然风光、动植物为图案，其种类主要有普通邮票、纪念邮票、特种邮票等。纪念邮票是从1949年10月8日开始发行，新中国的纪念邮票多以重大的政治事件、庆典和节日为内容，对一些革命人物、文化名人以及重要的国际活动也发行过纪念邮票；特种邮票的题材非常广泛，包括了经济、社会建设、文化艺术、珍禽异兽、奇花异草、山水风光等。

"我是小小集邮家"丛书收录了从中华人民共和国成立到2010年，新中国所发行的各类邮票品种，以全新的分类方式，全方位展现给广大读者朋友，并依照邮票的志号（及时间先后）顺序，系统介绍了从1949年到2010年我国发行的每套邮票的时代背景、每一枚邮票的图案内容及主题和所涉及的相关知识、对邮票图案艺术设计特点的研究和鉴赏等。内容分为：风景名胜类、建筑类、人物类、动物类、植物类、艺术类、文学类、体育类、军事类等。全书对各类邮票采用简短、浅显易懂的文字进行介绍，通过图文混排的形式把它们全方位、多角度地展现在读者面前，使读者更加深刻地了解中国邮票艺术的发展历程、时代特征及收藏价值。

丛书在邮票发行背景的介绍中，力求真实、客观，以历史的本来面目记述事件与人物的真相。同样，邮票图案的设计也不是随心所欲的，它要与立题密切配合，相互依衬、相互烘托。因此，丛书在邮票图案内容的介绍中，既突出主题，又兼顾相关，使介绍的对象生动、跃然。全书语言生动，文笔优美，图片清晰，具有较高的趣味性和较强的可读性，是广大集邮爱好者学习集邮、鉴赏邮票必读的普及性读物。

　　本丛书在编写过程中，得到了国内许多集邮爱好者的关心和支持（由于人员太多，请恕我们不能一一列举），特别是天津科技翻译出版公司各级领导和各位老师的悉心指导和帮助，在本丛书即将付印之际，特向相关人员表示诚挚的谢意。需要特别声明的是：本丛书只是丛书编委会人员就新中国邮票这一领域的首次大胆尝试，真心希望本丛书能够起到抛砖引玉的作用，希望在这一领域能够不断涌现出更多、更好、更能适合读者阅读的好图书。

　　另外，由于编写人员知识水平有限及编写时间仓促，尽管我们尽最大努力想把每一部分内容都能够做得更完美，但还是由于各方面的原因，仍有不尽如人意之处。在这里我们热诚希望广大读者朋友就书中的错谬之处大胆批评指正。读者交流邮箱：228424497@qq.com。

丛书编委会
2013年4月

目　录

认识邮票中的文学与生肖故事

中国古典小说——《西游记》

发行日期：1979.12.1

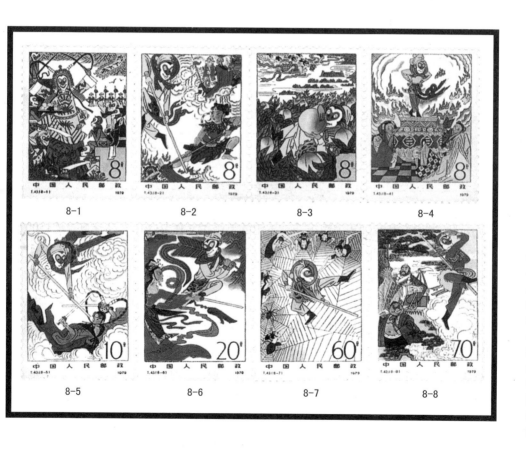

8-1　　　　　8-2　　　　　8-3　　　　　8-4

8-5　　　　　8-6　　　　　8-7　　　　　8-8

（T.43）

认识邮票中的文学与生肖故事

1

8-1水帘洞	8分	1 500万枚
8-2战哪吒	8分	1 500万枚
8-3蟠桃园	8分	1 500万枚
8-4八卦炉	8分	1 500万枚
8-5打白骨	10分	500万枚
8-6芭蕉扇	20分	400万枚
8-7盘丝洞	60分	150万枚
8-8取经路	70分	150万枚

邮票规格：30 mm × 40 mm

齿孔度数：11.5 × 11度

整张枚数：50枚

版　　别：影写版

设计者：李大玮

印刷厂：北京邮票厂

全套面值：1.92元

知识百花园

　　《西游记》是我国小说史上一部杰出的浪漫主义作品。作者吴承恩（约1500—1582），字汝忠，号射阳山人，江苏淮安县人。幼年即以文才闻名于乡里，到43岁才中贡生。54岁时因母老家贫，屈就长兴县丞，不到两年就因厌恶逢迎，"耻折腰，遂拂袖而归"，从事著述。吴承恩将在群众中长期流传的西天取经故事再创作成《西游记》，把本来一个纯粹的佛教故事改写为具有民族思想和时代特点的神话小说。这套特种邮票，8幅图案均以孙悟空为主要角色，前4个画面从自封齐天大圣、战哪吒、大闹蟠桃园，直到跳出太上老君的八卦炉，均取材于书中前7回，即500年前的孙悟空，着重刻画其叛逆性格；三打白骨精、智取芭蕉扇和大战盘丝洞，这三个故事取材于书中第14回以后取经路上发生的事件；最后一个画面则是以孙悟空为先锋的师徒一行正在取经途中。设计者吸取了京剧和动画片的一些特点，重彩浓染，工笔单勾，人物略加夸张，使孙悟空等人物的形象更为突出，更具有艺术感染力。

　　图8-1【水帘洞】选自第4回"官封弼马心何足，名注齐天意未宁"。灵根育孕源流出，孙悟空破石而生，居住在风光秀丽的花果山水帘洞。他自感武艺平常，便离开群猴，云游四海，从菩提祖师那里学会了七十二般变化和一翻十万八千里的筋斗云；到东海龙宫又借来镇海神针作为金箍棒，要来金甲、金冠和云履；又到阎王殿把自己的名字从生死簿上一笔勾掉。玉皇大帝接到各处告状后把他召去，封他做天庭的"弼马温"，免得他到处惹是生非。当孙悟空得知这原来是个管理马匹的小官，一气之下，便打出御马监，冲出天门，重新回到老家去，做起"齐天大圣"来了。邮票画面描绘了孙悟空重返花果山水帘洞，在群猴的簇拥下，金盔金甲，全身披挂，站在虎皮交椅前，正在发号施令的情景，表现了解脱束缚后的自由生活及孙悟空的凛凛威风。

　　图8-2【战哪吒】选自第4回，孙悟空扔掉"弼马温"的官帽官服之后，反了天庭。玉皇大帝闻听大怒，立刻封托塔天王李靖为降魔大元帅，哪吒三太子为三坛海会大神，兴师问罪，讨伐孙悟空。悟空战败巨灵神之后，哪吒少年气盛，请求上阵，只见他手使银枪，脚踏风火轮，使出全身本领，但哪里是悟空对手，结果败阵而归。邮票画面即描绘了孙悟空与哪吒激战的场面，双方各显神威，杀得难分难解，表现了哪吒少年英勇及孙悟空更为高强的武功。

　　图8-3【蟠桃园】选自第5回"乱蟠桃大圣偷丹，反天宫诸神捉怪"。武力围剿失败后，玉帝采取收抚政策，派太白金星把孙悟空又召上天庭。悟空住在新建的"齐天大圣府"，终日无所事事，东游西逛，行踪不定。玉帝怕他再惹出麻烦，派他管理蟠桃园。当他得知这蟠桃乃是瑶池王母娘娘所栽，吃了能强身健体、长生不老时，便设法潜入园内，尽情饱餐一顿。邮票画面即描绘了孙悟空脱掉官服，爬上大树，拣那熟透的大仙桃，正在享用的情景，表现了孙悟空不受天条束缚的天性。

　　图8-4【八卦炉】选自第7回"八卦炉中逃大圣，五行山下定心猿"。孙悟空从七仙女口中得知王母娘娘设"蟠桃盛会"，却没有他的份儿，于是，便直奔瑶池，痛饮琼浆玉液，吃尽海味山珍，不觉酩酊大醉，踉踉跄跄误入兜率天宫，又吃光了太上老君装在葫芦里炼好的全部金丹。结果被捉住五花大绑，推入老君的八卦炉让他化为灰烬。经过七七四十九天，老君开炉取丹，悟空听到响声，猛睁开眼睛，纵身跳出炼丹炉，慌得那些炉工及老君赶忙去扯，都被悟空放倒，并顺势蹬倒

了八卦炉。经过这么一炼，悟空不仅没有化成灰，却炼成了火眼金睛，他挥舞起金箍棒，来了个大闹天宫。邮票画面即描绘了孙悟空从八卦炉中跳出的情景，表现了他的真金不怕火炼的品质和大无畏的英雄气概。

图8-5【打白骨】选自第27回"尸魔三戏唐三藏，圣僧恨逐美猴王"。孙悟空大闹天宫受挫，被如来佛压在五行山下。经过五百年后，被唐僧从山下救出，受菩萨指点护送唐僧去西天取经。师徒四人来到一座山前，白骨妖精想吃唐僧肉以求长生不老，先后变作少女、老妪和老翁，均被孙悟空识破。他不顾唐僧念紧箍咒，三次痛打妖魔，终于使白骨精现了原形。邮票画面即描绘了孙悟空高举金箍棒，痛打白骨精的情景，表现了悟空明辨是非、疾恶如仇的品质。

图8-6【芭蕉扇】选自第59回至第61回。唐僧师徒千里跋涉来到火焰山下，被阻住去路。为灭火前行，孙悟空去千里之遥的翠云山芭蕉洞，向铁扇公主罗刹女借能扇灭大火的芭蕉扇。第一次，悟空变成一只虫，顺着茶沫钻进铁扇公主的肚子里，借来了芭蕉扇，却是把假扇，火焰反而越扇越旺。第二次，悟空变成铁扇公主的丈夫牛魔王，把芭蕉扇弄到了手，却又被牛魔王反骗了回去。第三次，悟空大战牛魔王，最后由托塔天王和哪吒擒住了牛魔王，铁扇公主无奈把芭蕉扇交给了孙悟空。悟空使尽全力，连扇49下，顿时大雨淙淙，熄灭了火焰。邮票画面即描绘了孙悟空二调芭蕉扇的场面，芭蕉扇被悟空扛走，铁扇公主虽满心不愿，但也无可奈何，表现了孙悟空的智谋和策略。

图8-7【盘丝洞】选自第72回"盘丝洞七情迷本，濯垢泉八戒忘形"、第73回"情因旧恨生灾毒，心主遭魔幸破光"。一天，师徒四人来到一座庵林，唐僧进去化斋，误入盘丝岭的盘丝洞，被7个蜘蛛精化作的女妖困住，女妖从肚脐眼吐丝结网缠住唐僧。孙悟空奋起千钧棒，把妖精连同蛛网统统打烂，再一次扫清了取经路上的障碍，确保了唐僧及师弟们的安全。邮票画面即描绘了孙悟空置身蛛网，横扫妖精的情景。

图8-8【取经路】选自第14回以后的内容。取经途中，师徒四人历尽艰险，经过九九八十一难，终于到达了西天，取经成功。邮票画面即描绘了他们艰苦跋涉，风尘仆仆，勇往直前的情景：八戒肩扛钉耙末在前，沙僧挑负行李在后，保护着唐僧骑马居中，孙悟空担当开路先锋，紧握金箍棒，张开火眼金睛，侦察着前方的路，充分表现了孙悟空在西天取经险途中的重要作用及他的忠诚。

童话——"咕咚"

发行日期：1980.6.1

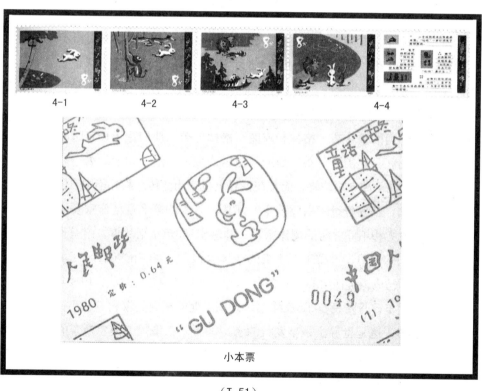

小本票

(T.51)

4-1 "咕咚——"	8分	1500万枚
4-2 "咕咚"来了！	8分	1500万枚
4-3 "咕咚"！	8分	1500万枚
4-4 啊！木瓜	8分	1500万枚

邮票规格：40 mm×30 mm（附票40 mm×30 mm）

齿孔度数：11×11.5度

整张枚数：50枚（4枚邮票加附票横式联印）

版　别：影写版

设计者：万维生

印刷厂：北京邮票厂

全套面值：0.32元

知识百花园

童话作为儿童文学，题材极为丰富，一般多作拟人化的描写，以想象、夸张和幻想去塑造形象，构思情节，反映生活。故事既离奇曲折，引人入胜，又通俗易懂，浅显生动，符合儿童的心理特征。同时，因其在平凡有趣的故事中，寓含着普通而深刻的道理，具有广泛的教育意义，所以童话亦为成年人所喜爱。举世闻名的童话大师，德国的雅各布·格林和威廉·格林兄弟，他们花了15年时间，编撰出《格林童话集》，其中的《灰姑娘》《白雪公主》《渔夫和他的妻子》《青蛙王子》等，不仅在欧洲家喻户晓，而且在世界上也广为流传。联邦德国、民主德国、匈牙利等国家，都发行过《白雪公主》邮票。丹麦的著名童话作家安徒生，以极其丰富的想象力和不同寻常的创作精神，共写出168篇童话故事，给全世界的少年儿童以及他们的父母，都留下了宝贵的精神食粮。《皇帝的新衣》《卖火柴的女孩》等故事，已成为童话中的经典之作，流传到世界的各个角落。1935年为纪念安徒生逝世60周年，丹麦发行了6枚邮票，分别以他的侧面头像和《丑小鸭》《海的女儿》为主图，这是世界上最早发行的童话邮票。在俄国，托尔斯泰的《农夫和熊》、普希金的《死公主和七勇士》，都堪称童话中的精品，契诃夫、高尔基也都写过不少出色的童话。童话一词译自日本，日本的童话更是充满了大胆的幻想和离奇的情节，《浦岛太郎》《一寸法师》《仙鹤妻子》《老鼠的天堂》等等，都是带有浓郁浪漫主义色彩的童话，十分惹人喜爱。该国以此为题材，从1973年到1975年发行过7集系列童话邮票。民主德国从1966年起，连续13年发行童话6联小全张。古典童话中的主人公常是恶魔、鬼怪、神仙、公主，也有善良的人和拟人化的动物。而现代童话的题材又丰富了许多，美国画家迪士尼笔下的米老鼠、唐老鸭，西方各国所喜爱的圣诞老人，都已登上童话殿堂。中国作为历史悠久的文明古国，在漫长的社会发展中，也产生了许多脍炙人口的童话作品。

1980年6月1日，为了庆祝"六一"国际儿童节，邮电部首次以童话为题材，发行了这套"童话——咕咚"特种邮票，共4枚。该票以四联张的形式印制，并有一枚附票。所谓附票，即是附在邮票旁边的纸片，它有图案和文字，也有齿孔，但没有邮政名称，也无面值，因此它不是邮票，不能作为邮票使用。这套邮票的附票上印有"咕咚"的故事情节：一只成熟的木瓜"咕咚"掉入湖水中，胆小的兔子边跑边喊："咕咚来了！"其他动物惊慌失措，也跟着逃跑。聪明的狮子带领大家回到湖边，仔细观察，发现原来是一场虚惊。这篇童话告诉孩子们，遇事要头脑清醒，沉着冷静，弄清事实，不要人云亦云，盲目行动。

邮票解析

图4-1【"咕咚——"】一只成熟的木瓜，咕咚一声掉进湖水里，浪花四溅，涟漪徐徐，吓得小白兔拔腿就跑。图中的木瓜，也称楂楂，系蔷薇科木瓜属，落叶灌木或小乔木。树皮常作片状剥落，痕迹鲜明。叶子呈椭圆状卵形，有锯齿，嫩叶背面被绒毛，枝上无刺。春天、夏初开花，为淡粉红色，单生。果实秋季成熟，长椭圆形，淡黄色，味酸涩，有香气。我国陕西、山东及长江以南有栽培。另外广东、广西、福建等地，也称番木瓜为木瓜。木瓜树供观赏，果实经蒸煮或蜜饯后供食用。据考证，这种木瓜果实并无药用价值。可入药的是与其同科同属、模样也相似的"木瓜海棠"的果实。木瓜海棠是枝上有刺的落叶灌木，花朵簇生，其色较木瓜花深，呈赤红或绯红色，其果实可酿制"木瓜酒"，主治风湿关节疼痛之症。

图4-2【"咕咚"来了！】兔子边跑边喊："咕咚来了！"其他动物不问青红皂白，也跟着跑起来了。邮票画面上，惊慌失措的猴子正从树上往下爬，狐狸也撒开四腿，跟着瞎跑。

图4-3【"咕咚"！】"不要乱跑，先去问问咕咚是怎么回事儿？"狮子说。邮票画面上，一头狮子喊住了这群仓皇奔逃的兔子、猴子、老虎和狐狸。

图4-4【啊！木瓜】狮子带着它们回到湖边找"咕咚"。这时，正好又有一个木瓜掉进水里。啊，原来是木瓜。邮票画面上，聪明的狮子稳坐湖边，小兔和猴子也稳住了神，面对落水的木瓜，正指指点点。原来是一场虚惊啊！

寓言——刻舟求剑

发行日期：1981.3.10

（T. 59）

5-1刻舟求剑　　　8分　　　1 165.8万枚

5-2楚人涉江　　　8分　　　1 165.8万枚

5-3剑坠于水　　　8分　　　1 165.8万枚

5-4遂刻其舟　　　8分　　　1 165.8万枚

5-5入水求之　　　8分　　　1 165.8万枚

邮票规格：40 mm×30 mm

齿孔度数：11×11.5度

整张枚数：50枚（5枚横式连印）

版　　别：影写版

设计者：潘可明

印刷厂：北京邮票厂

全套面值：0.40元

知识百花园

　　寓言，或称寓言故事，是文学作品中一种独立的体裁。它常常运用比喻、夸张、象征、讽刺的表现手法，通过平凡或饶有兴趣的故事情节，去表达或揭示某种深刻的道理，从而给人以启迪、警醒和教育。它语言浅显，情节生动，形象鲜明，寓人生哲理于简单的故事之中为主要特征，深为广大人民群众所喜爱。

　　寓言最早产生在民间，为民众口头文学的重要内容，具有广泛的世界意义。寓言大师伊索，这位公元前6世纪古希腊的奴隶，他虽然贫穷，没有自由，但却有人的尊严，美的内心，他既正直又聪明，富于反抗精神，常常用惊人的词句去嘲讽权贵。他把统治者比作凶恶狡猾的动物，而以顺从善良的小动物隐喻受迫害的人民。他就是以寓言为武器，去嘲弄这个不公正的世界。《伊索寓言》这个凝结着他意志和心血的作品集，已成为全世界劳动人民共有的精神财富，流芳世代。俄国寓言作家克雷洛夫（1769-1844），一生中共写出200多篇寓言故事。他以含蓄的笔法，无情地揭露了凶狠残暴的沙皇统治，对那些贪婪、愚蠢、无耻的官吏们，进行了尖锐的讽刺和无情的鞭挞。其中一些精辟的评语和诗句，已成为人们口头上的谚语和格言。寓言在我国春秋战国时代，已经盛行。在《庄子》和《韩非子》等古代文献中，均有不少寓言故事，"守株待兔""拔苗助长""郑人买履""狗恶酒酸"等等，都因其有趣生动、寓意深刻而脍炙人口。

"刻舟求剑"这则寓言选自《吕氏春秋·察今》。

邮票解析

图5-1【刻舟求剑】邮票画面上，在绿树和碧波的衬托下，展示了寓言原文："楚人有涉江者，其剑自舟中坠於水，遽契其舟曰：'是吾剑之所从坠。'舟止，从其所契者入水求之。舟已行矣，而剑不行。求剑若此，不亦惑乎？"这则寓言，讽刺那些不懂事物发展变化规律，不能因时制宜的愚人。它告诉人们，客观事物是发展变化的，人的主观认识也应随之而改变，而不能依然故我，一成不变、孤立静止地看待问题。"舟已行矣，而剑不行。求剑若此，不亦惑乎？"作者的简洁议论，总结了这则寓言故事的深刻主题。

图5-2【楚人过江】邮票画面上，小船在波涛中破浪前进，楚人杖剑于船头，长须飘动，江风轻拂，举目四望，悠然自得，似乎被沿江两岸的自然景色所陶醉了。

图5-3【剑坠于水】邮票画面上，突然小船被举上了浪峰，船夫奋力地划着，而楚人却被这突如其来的变故所惊呆，失手将宝剑掉入水中，溅起团团泡沫。

图5-4【遂刻其舟】邮票画面上，小船已经平稳，楚人也恢复了平静，他不慌不忙自有办法，随手在船舷上刻下一个记号，并说："我的剑，就是从这里掉入江中的。"

图5-5【入水求之】邮票画面上，小船刚刚靠岸，楚人不容分说，在自己刻下的记号处，纵身跳进江中，要找回那把宝剑。船已经行了很远，而剑却留在原处，这样去找剑能不贻笑天下吗？

红楼梦——金陵十二钗

发行日期：1981.11.20（1、3、5、7、9、11图，M）；1982.4.24（2、4、6、8、10、12图）

12-1 12-2 12-3 12-4

12-5 12-6 12-7 12-8

12-9 12-10 12-11 12-12

认识邮票中的文学与生肖故事

（T.69 小型张）

12-1黛玉葬花	4分	686.46万枚
12-2宝钗扑蝶	4分	535.26万枚
12-3元春省亲	8分	1 314.36万枚
12-4迎春诵经	8分	990.96万枚
12-5探春结社	8分	1 357.06万枚
12-6惜春构图	8分	1 020.36万枚
12-7湘云拾麟	8分	1 336.41万枚
12-8李纨课子	10分	461.76万枚
12-9凤姐设局	20分	743.51万枚
12-10巧姐避祸	30分	341.51万枚
12-11可卿春困	40分	304.96万枚
12-12妙玉奉茶	80分	402.96万枚
小型张 双玉读曲	2元	81.85万枚

邮票规格：27 mm×40 mm

小型张规格：140 mm×78 mm，其中邮票尺寸：60 mm×40 mm

齿孔度数：11度、（M）11.5×11度

整张枚数：49枚

版　　别：影写版
设计者：潘可明
印刷厂：北京邮票厂
全套面值：2.28元
小型张面值：2.00元

知识百花园

曹雪芹（约1717—1763），名霑，字梦阮，号雪芹、芹溪、芹圃，清代著名小说家。清汉军正白旗人。原籍河北丰润。生于南京。祖曹寅、父曹頫，均任过江宁织造。康熙南巡6次，有5次都以织造署为行宫，可见其家势富贵。雍正六年（1728）曹頫卸任，全家搬回北京。后曹頫因事获罪，产业抄没，家道中落，曹雪芹的贵族生活随之结束。中年迁居北京西郊，生活贫困，以卖画啜粥和靠朋友接济度日。社会地位和生活环境的急剧变化，使曹雪芹的思想感情发生了巨大转变，他怀着满腔的悲愤，以十年左右的时间，写出了这部深刻解剖和批判封建统治的长篇政治历史小说《红楼梦》。1763年因儿子病死，悲痛成疾，于当年除夕病逝。曹雪芹具有极高的天赋和艺术才能，涉猎很广，凡诗词、绘画、音乐等，几乎无所不通，这与他能写出这部巨著不无关系。又因其身历人生变故，深谙人间冷暖及世态炎凉，使他能够爱憎分明，准确而深刻地描绘出大官僚地主家庭的时代变迁，批判了当时整个封建社会的虚伪和腐败，对在封建社会压抑下求个性发展的青年男女，表示了极大的同情。

高鹗（生卒年不详），字兰墅，铁岭（今辽宁铁岭）人。隶汉军镶黄旗。清乾隆年间举人。1795年中进士，曾任翰林、侍读等职。续写《红楼梦》即为其中进士之前所为。

这套《红楼梦——金陵十二钗》特种邮票，原画作者是刘旦宅，以中国历史小说传统的绣像的形式，展现了作品中12位古典美人的倩姿。

邮票解析

图12-1【黛玉葬花】选自第27回"滴翠亭杨妃戏彩蝶，埋香冢飞燕泣残

认识邮票中的文学与生肖故事

红"。林黛玉感情专注，有才有貌，但性情孤傲，身体柔弱。特别是家道中落，寄人篱下，因此倍感凄凉。与贾宝玉的恋爱，重重阻碍，她终日心情抑郁，在所难免。此节描写林黛玉在残花之期，触景生情，感花伤己，洒泪挥锄，为花作冢的片断。虽然在封建制度的压抑下，人生恰似这落叶残花，但黛玉在葬花之际，也表达了自己要为爱情、幸福奋争到生命最后一刻的决心。这一切，均凝结在那首脍炙人口的《葬花词》中。词曰："花谢花飞飞满天，红消香断有谁怜？游丝软系飘春榭，落絮轻沾扑绣帘。闺中女儿惜春暮，愁绪满怀无释处；手把花锄出绣帘，忍踏落花来复去？柳絮榆荚自芳菲，不管桃飘与李飞；桃李明年能再发，明年闺中知有谁？三月香巢已垒成，梁间燕子太无情！明年花发虽可啄，却不道人去梁空巢也倾。一年三百六十日，风刀霜剑严相逼；明媚鲜妍能几时，一朝漂泊难寻觅。花开易见落难寻，阶前闷杀葬花人；独把花锄泪暗洒，洒上空枝见血痕。杜鹃无语正黄昏，荷锄归去掩重门；青灯照壁人初睡；冷雨敲窗被未温。怪奴底事倍伤神？半为怜春半恼春；怜春忽至恼忽去，至又无言去未闻。昨宵庭外悲歌发，知是花魂与鸟魂？花魂鸟魂总难留，鸟自无言花自羞；愿奴胁下生双翼，随花飞到天尽头。天尽头！何处有香丘？未若锦囊收艳骨，一抔净土掩风流；质本洁来还洁去，不教污淖陷渠沟。尔今死去侬收葬，未卜侬身何日丧？侬今葬花人笑痴，他年葬侬知是谁？试看春残花渐落，便是红颜老死时；一朝春尽红颜老，花落人亡两不知！"

图12-2【宝钗扑蝶】选自第27回"滴翠亭杨妃戏彩蝶，埋香冢飞燕泣残红"。薛宝钗出身薛家大户，自有根基。且才貌兼具通达人意，颇得贾府当政人物所赏识。但她重功名，慕虚荣，终不为贾宝玉所喜。为此，要当大观园的女主人，攀上宝二奶奶这把交椅，在与林黛玉及其他有竞争力的人物较量中取胜，她使机谋，动心计，随机应变，装愚守拙，也自在情理之中。这次在扑蝶过程中，偷听别人谈话。当被发觉时，又装作它干，正是其处境使然，也为其灵魂的一次暴露。

图12-3【元春省亲】选自第18回"皇恩重元妃省父母，天伦乐宝玉呈才藻"。小说中元春出场不多，但却代表一方人物，贾府成为皇亲国戚，可以依仗天恩，只为元春进宫为妃，可谓一人得道，鸡犬升天。岂不知元春本人身陷深宫，孤寂落寞，何人可知？这正月十五日元春回府省亲，又目睹了府内的奢华靡费，更增添了忧虑。画面上尽管她凤冠玉佩，锦簇花团，但也无法掩饰其心中的苦闷和忧愁。

图12-4【迎春诵经】选自第73回"痴丫头误拾绣春囊，懦小姐不问累金

凤"。在小说里的贾氏姐妹中，迎春最为温良和顺，性情懦弱，与世无争。却偏偏嫁给了那个得志便猖狂的中山狼——孙绍祖，成为封建家庭中悲惨的牺牲品。贾府被贬，家道日衰，尽管逆来顺受，也难逃厄运，这正是作者所要告诉世人的结论。画面上：在绣春囊风波中，迎春置身事外，息事宁人，在众人争争吵吵中，独自读起经书《太上感应篇》，正表现了她无所希冀，只求安宁的人生哲学。

　　图12-5【探春结社】选自第37回"秋爽斋偶结海棠社，蘅芜院夜拟菊花题。"探春才高气盛，办事果决。但她生在末世，无力回天，挽救不了贾家的没落。最后以跨海渡洋，远嫁了事。画面上，为探春组织大观园众姐妹结成"海棠诗社"，自号"蕉下客"，并赋诗一首"咏白海棠"。诗曰："斜阳寒草带重门，苔翠盈铺雨后盆。玉是精神难此洁，雪为肌骨易销魂。芳心一点娇无力，倩影三更月有痕。莫道缟仙能羽化，多情伴我咏黄昏。"充分表现了探春的才干。

　　图12-6【惜春构图】选自第42回"蘅芜君兰言解疑癖，潇湘子雅谑补余音"。惜春贤惠聪颖，很有悟性，尤对绘画情有独钟。但她亲眼目睹了几个姐姐的悲惨命运，便毅然决然告别红尘，遁入空门。"勘破三春景不长，缁衣顿改昔年妆。可怜绣户侯门女，独卧青灯古佛旁。"以求得今生的平静和来世的幸福。邮票画面上，惜春正手持画笔，潜心构思，准备描绘大观园的秀丽景色和姐妹们的姣好身姿。

　　图12-7【湘云拾麟】选自第31回"撕扇子得千金一笑，因麒麟伏自首双星"。史湘云自幼父母双亡，很受些磨难，同时也受到些锻炼，使她性格开朗豪爽，办事利落大方。贾母说她像个男孩子，不像那些女孩整天羞羞答答的。她有一只金麒麟，是父母留给她的。有一天，在游大观园时，她意外地又拾到一只金麒麟，原来是贾宝玉丢失的。是巧合，还是缘分？画面上，即表现了湘云这种天真烂漫的神态和错综复杂的心情。

　　图12-8【李纨课子】李纨是贾政长子贾珠之妻，不久便年青寡居了。她终日在大观园中谨小慎微，屈身守份，很怕招致流言蜚语，成为封建道德的牺牲品。她还有的一丝希望，便是对儿子贾兰的培养。画面正是表现李纨教儿子读书的情景。

　　图12-9【凤姐设局】选自第12回"王熙凤毒设相思局，贾天祥正照风月鉴"。王熙凤是中国封建社会贵族大家庭中精强狠辣少妇之典型。作为贾府的当家媳妇，她的才干，她的口才，她的权术，她的淫威，是没有人可与之匹敌的。其人

"嘴甜心苦，两面三刀；上头笑，脚底下就使绊子；明是一盆火，暗是一把刀。"表现得也淋漓尽致。有权时，颐指气使，目空一切，无所不能，无所不为。而到头来，也无非是"机关算尽太聪明，反误了卿卿即性命"，临死时，半领草席一卷了之。这样一个炙手可热的人物，也有心血耗尽，威力崩溃之日，这也恰是封建社会所导演的又一个悲剧。画面上，王熙凤冷峻趺扈，充分表现了王熙凤心狠手辣的一面。

图12-10【巧姐避祸】选自第119回"中乡魁宝玉却尘缘，沐皇恩贾家延世泽"。王熙凤死时，其女巧姐已长大成人，与父亲贾琏一起生活。巧姐舅父王仁和堂兄贾芸趁贾琏外出之机，设计要把她卖给藩王府。在这危难时刻，曾受过王熙凤微薄接济的刘姥姥以德报恩，挺身而出救了巧姐，使之免遭"狼舅""奸兄"的拐卖。正是"势败休云贵，家亡莫论亲。偶因济刘氏，巧得遇恩人。"画面上，正是掩面挟包逃脱虎口的巧姐形象。这一情节充分暴露了封建大家庭已灭绝的人伦，而对劳动人民的正义作了赞美。

图12-11【可卿春困】选自第5回"贾宝玉神游太虚境，警幻仙曲演红楼梦"。秦可卿为贾宝玉堂侄贾蓉之妻，容貌姣好，雍容华贵。她英年早逝，一说为病故，"她这个病得的也奇"，另一说为与公公贾珍私通事发，而在天香楼悬梁自尽。正如贾蓉仆人焦大所说，"贾府中唯有门口的石头狮子最干净。"画面上，即为这位贵妇人春困消闲的媚态。

图12-12【妙玉奉茶】选自第41回"贾宝玉品茶栊翠庵，刘姥姥醉卧怡红院"。妙玉本为宦家千金，因自幼多病，不得已出家为尼后，更加嗜洁如癖。但恰恰是这么一位洁身如玉的尼姑，最终却落得被劫被污的命运。画面上，妙玉手捧清茶一杯，表现了她的爱洁之癖。正是："飘香茶盏本土器，佛门嗜洁亦成癖。可怜天生金玉质，到头落得陷污泥。"

小型张【双玉读曲】选自第23回"西厢记妙词通戏语，牡丹亭艳曲警芳心"。宝、黛的爱情悲剧，贯穿着《红楼梦》的始终。而"双玉读曲"这一段则是他们两个人最富有诗情画意的恋爱岁月。面对层层禁锢，他们敢于手捧《西厢记》这部禁书，充分表现了他们对于封建礼教的抗争和对幸福美满婚姻的追求。画面上，大观园桃花处处，姹紫嫣红；桥亭相间，曲径通幽。双玉相偎相依，心心相印，多么美好，何其幸福。使人在赞叹之余，不能不为他们的悲剧结局感到惋惜和悲愤。

西厢记

发行日期：1983.2.21

| 4-1 | 4-2 | 4-3 | 4-4 |

（T.82）

4-1惊艳	8分	1 028.41万枚
4-2听琴	8分	963.16万枚
4-3佳期	10分	561.16万枚
4-4长亭	80分	293.51万枚
小型张　拷红	2元	94.10万枚

邮票规格：40 mm×60 mm

小型张规格：130 mm×80 mm，其中邮票尺寸：31 mm×52 mm

齿孔度数：11×11.5度，（M）11.5度

整张枚数：25枚

版　别：影写版、（M）影雕版

认识邮票中的文学与生肖故事

（T.82 小型张）

设计者：刘硕仁

雕刻者：孙鸿年（M）

印刷厂：北京邮票厂

全套面值：1.06元

小型张面值：2.00元

知识百花园

这套《西厢记》特种邮票，蕴含了《西厢记》的核心内容。其中，邮票的4幅原画，为我国著名画家王叔晖女士的杰作，人物造型准确，形象逼真，线条犀利，设色典雅，保持了唐宋以来工笔重彩人物画的传统特色。

邮票解析

图4-1【惊艳】唐贞元年，前朝相国崔珏病故，崔老夫人带次女莺莺及侍女红娘扶柩回原籍博陵安葬，途中因战事连绵，交通受阻，滞留河中府蒲东著名古刹普

救寺。其时，游学四方的书生张君瑞赴京城长安赶考，顺路游普救寺时，在佛殿与崔莺莺相遇，深为莺莺的美貌所惊叹，便产生爱慕之情，就暂借寺中西厢房住下来，伺机向莺莺表明心迹。邮票画面突出了莺莺的形象，把她放在中间位置。正是告诉人们，受到重重禁锢束缚的大家闺秀，一旦挣脱牢笼，告别那种终日孤寂无聊的生活，便不能不寻求自己的自由幸福。她对张生的一见钟情，也正是封建礼教束缚压抑的结果。

图4-2【听琴】邮票画面上，莺莺正深情地倾听张生那凄清而幽怨的《凤求凰》琴声，深深为之感动，一种无限思恋和怀念之情油然而生。但又无法向张生倾吐真情，只得暂且打发红娘前去劝慰。

图4-3【佳期】张生见红娘前来，便托她给莺莺捎信并附五言诗一首。莺莺则以"待月西厢下，迎风户半开。隔墙花影动，疑是玉人来"的诗句作答，约张生相会。但当见面时，莺莺又假意生嗔，责备张生不礼貌。张生信以为真，一病不起。时隔数日，红娘前来探望，暗示莺莺今夜前来相会，张生大病霍然痊愈。邮票画面上，莺莺偷偷来到西厢房，与张生相会，私订终身。红娘在莺莺身后，轻轻一推，成其好事。莺莺心意坚决，而表情却含蓄羞怯；张生则大喜过望，激动万分。表现了冲破封建牢笼的一对青年男女胜利的喜悦。

图4-4【长亭】老夫人知生米已成熟饭，无法再硬加阻拦，但又以门庭内不能有"白丁女婿"，让张生去考取个功名来，才能与莺莺完婚。张生入京赴考，果然金榜题名，中了状元，正授河中府尹。后又经一番周折，终于和莺莺团圆，有情人终成眷属。邮票画面上，霜林如醉，满地黄花，张生和莺莺在十里长亭黯然伤别。几多留意，几多挂念，尽在这依依不舍的泪露之中，看去，不能不令人为之感动。

小型张【拷红】莺莺与张生私订终身之事，几天后，便被老夫人察觉了，便拷问侍女红娘。邮票画面为明版《西厢记》的木刻插图，只见红娘虽然跪在地上，但却毫不畏惧。她仗义执言，除述此事，并巧妙地指责老夫人自食承诺，言而无信的过错，使老太太无言答对，只好允诺了女儿的选择。图案上，老夫人端坐上方，满脸怒容；仆人手执刑杖，站立一旁；而莺莺不知拷问结果吉凶未卜，便偷偷地隐身门后，侧耳细听。整个画面，人物位置符合各自身份，表情举止突出了内在性格，形象而圆满地表现了这段故事情节。

中国古典文学名著——《牡丹亭》

发行日期：1984.10.30

4-1   4-2

4-3   4-4

（T.99）

（T.99 小型张）

4-1 闺塾	8分	1 278.76万枚
4-2 惊梦	8分	1 212.61万枚
4-3 写真	20分	984.76万枚
4-4 婚走	70分	766.06万枚
小型张　游园	2元	209.10万枚

邮票规格：40 mm×54 mm

小型张规格：136 mm×80 mm，其中邮票尺寸：90 mm×60 mm

齿孔度数：11度、（M）11.5×11度

整张枚数：28枚

版　别：影写版

设计者：李为

印刷厂：北京邮票厂

全套面值：1.06元

小型张面值：2.00元

知识百花园

这套《牡丹亭》特种邮票，图案均采用我国著名画家戴敦邦的原作。画家运用浪漫主义手法，采取工笔加小写意的技巧，描绘了剧中的五个主要片段，再现了全剧的意境。设计者在邮票外侧均采用了古本线装书皮蓝，增强了古典效果。

邮票解析

图4-1【闺塾】邮票画面为老学究陈最良手托书本，引经据典，正在说教，而杜丽娘低头呆坐，沉默不语，只有那小丫环春香，不苟言笑，无拘无束，打破了闺塾这潭死水。冲破封建枷锁的束缚，充分表现了春香的反封建精神，也为杜丽娘做出了榜样。

图4-2【惊梦】邮票画面为杜丽娘梦中与少年书生柳梦梅幽会的情景。正是春香带领杜丽娘冲破牢笼，走出家门看春景、看世界，在丽娘那寂寥的心中注入了新的生活内容。但现实不允许她与意中人相见，只能寄情梦中。柳梦梅正在爱抚地给她戴一朵鲜花，那恩爱的时刻，她多么想美梦成真。画面以浪漫主义构思，表达了杜丽娘对爱情的强烈追求和渴望。

图4-3【写真】邮票画面为杜丽娘在给自己画像的场面。丽娘从梦中醒来，一切都成幻影。面对无情现实，心中何等孤寂难受。春香前来劝解，也难入心灵深处。她提起画笔一支，描起自己娇容。红颜易老，光阴不在，梦梅在哪里？爱情在何处？追思那梦中的记忆，忍受着爱恋的煎熬，终于耗尽了她柔弱的生命。

图4-4【婚走】邮票画面为杜丽娘还魂后与柳梦梅出走的片段。杜丽娘在封建的重压下，被摧残致死。还魂后，她终于挣脱了封建枷锁，在月朗星稀之夜，毅然和柳梦梅出走了，去建立自己的幸福家庭，表现了一个大家闺秀，勇敢地向那顽固的封建婚姻制度宣战的精神，代表了广大妇女寻求解放的方向。

小型张【游园】这是杜丽娘爱情生活的发端。画面表现了在婢女春香的怂恿下，丽娘离开那束缚自己多年的闺房，第一次看到了真正的春天。花园里，柳丝拂面，百花喷香，彩蝶翻飞，晴空朗朗，主仆二人为之陶然沉醉，也不知不觉翩翩起舞起来。美丽的大自然，一扫丽娘心中多年的积郁，唤起了那因压抑而沉睡着的青春气息和对美好生活的追求。

中国古代神话

发行日期：1987. 9. 25

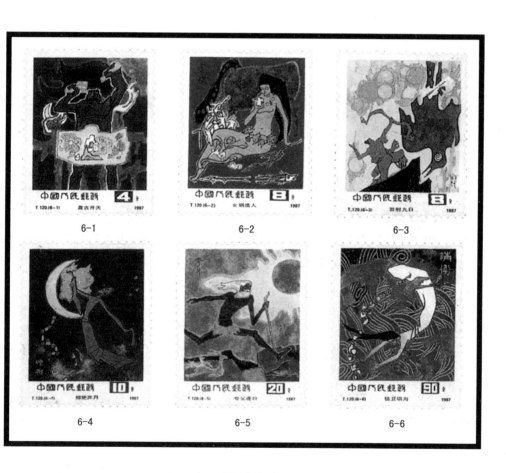

6-1

6-2

6-3

6-4

6-5

6-6

（T. 120）

认识邮票中的文学与生肖故事

23

6-1盘古开天　　　4分　　　1 474.15万枚

6-2女娲造人　　　8分　　　1 703.90万枚

6-3羿射九日　　　8分　　　1 664.65万枚

6-4嫦娥奔月　　　10分　　　1 079.15万枚

6-5夸父逐日　　　20分　　　950.65万枚

6-6精卫填海　　　90分　　　604.65万枚

邮票规格：31 mm×38.5 mm

齿孔度数：11.5度

整张枚数：50枚

版　　别：影写版

设计者：楼家本

印刷厂：北京邮票厂

全套面值：1.40元

知识百花园

我国古代神话浩如烟海，在《山海经》《淮南子》《楚辞》《列子》《穆天子传》《太平御览》等典籍中，均有大量记载。这套《中国古代神话》所选取的6则故事，均是在我国民间流传极广，脍炙人口，富有代表性，且对后世的文学、艺术和语言等都有着深远影响的作品。

邮票解析

图6-1【盘古开天】盘古是我国古代南方瑶族、苗族、畲族传说中的开天辟地者。盘古顶天立地，一日九变。天每日长高一丈，地每日加厚一丈，盘古也随之长高一丈。经过上万年的演变，于是天越来越高，地越来越厚。据说，盘古死后，他的身躯亦化为山川田地、日月星辰、雨露甘霖、金石珠玉。可见，在远古人民的心目中，盘古把全部身心都献给了创造宇宙的事业，是天地万物的始祖。

图6-2【女娲造人】女娲是神话中"人头蛇身"的女神。她曾炼五色石修补崩塌的苍天，杀死猛兽，治服洪水，使人类得以休养生息。女娲另一重要功绩，是创

造了人类。

图6-3【羿射九日】神话中羿本是一位天神，只因天帝帝俊见世间灾害频仍，民生艰难，但遣羿去下界除暴安良，拯救人类。传说羿射落的九日落在山西省长治市屯留县城西北25千米处的三峻山一带，其中有五个坠落在长治市襄垣城南，后来称这里为"五阳"，即现在的潞安矿务局五阳煤矿所在地。此传说虽无可考证，但可说明我们的祖先早已在山西生存繁衍，山西无疑是人类发祥地之一。

图6-4【嫦娥奔月】这个动人故事，在我国可谓家喻户晓，源远流长。《淮南子·临冥训》载："羿请不死之药于西王母，垣娥窃以奔月，怅然有丧，无以续之。"其意是羿往昆仑上会见西王母，讨来了长生不老之药。嫦娥偷吃后，忽感身轻，飘然升腾，来到了月亮上面。但月宫中寂寞清冷，使她怅然若失，又不禁怀念起人间生活来。历代文人骚客，以嫦娥奔月为题材，写下不少名篇佳句。唐代大诗人李商隐的七绝《嫦娥》分外脍炙人口："云母屏风烛影深，长河渐落晓星沉。嫦娥应悔偷灵药，碧海青天夜夜心。"毛泽东主席也有"寂寞嫦娥舒广袖，万里长空且为忠魂舞"的佳句，借以抒发对革命烈士和亲人的怀念。

图6-5【夸父逐日】这则神话载于《山海经·大荒北经》："大荒之中，有山，名曰成都载天。有人珥两黄蛇，把两黄蛇，名曰夸父。……夸父不量力，欲追日景，逮之于禺谷。将饮河而不足也。将走大泽，未至，死于此。"《山海经·海外北经》中又说："夸父与日逐走，入日。渴欲得饮，饮于河、渭。河、渭不足，北饮大泽。未至，道渴而死。弃其杖，化为邓林。"故事意为：夸父居住在一座大山之中，耳朵上贯穿两条黄蛇，手里还握着两条黄蛇。他看到太阳西坠，便产生了追逐太阳的念头。当他终于在禺谷赶上太阳时，早已汗流浃背，口渴难当。他虽然喝干了黄河和渭河的水，仍不足以解渴。于是他向北去饮大泽的水，谁知渴死在半道上。遗弃的手杖，变成一片茂密的桃林。"夸父逐日"的故事，是一曲力量、勇敢和无私的赞歌，表现了人类不屈不挠的意志和追求光明的信念。

图6-6【精卫填海】精卫本是炎帝的女儿，因游海上遭遇风浪，溺水而死。死后化作一只名叫"精卫"的鸟，形状如乌鸦，头有花纹，嘴白足红。它愤恨大海夺去了自己的青春，从西山衔来树枝和石子，发誓要填平东海，使它不再兴风作浪危害人类。精卫的故事悲切而壮丽，这只小鸟锲而不舍，征服大海，这正是我们民族艰苦卓绝、锐意进取精神的象征。

中国古典文学名著——《水浒传》（第一组）

发行日期：1987.12.20

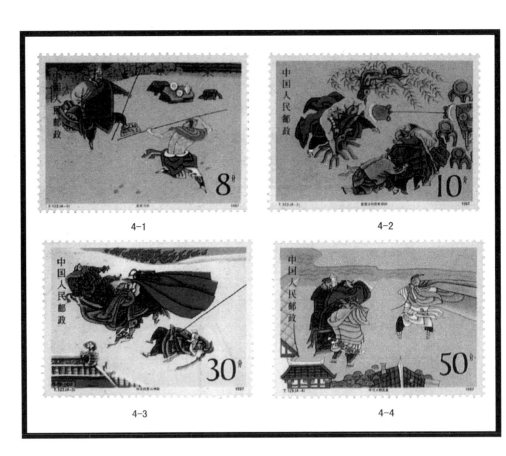

（T.123 小型张）

4-1 史进习武	8分	1 807.20万枚
4-2 鲁智深倒拔垂杨柳	10分	1 068.80万枚
4-3 林冲风雪山神庙	30分	1 148.25万枚
4-4 宋江义释晁盖	50分	879.10万枚
小型张　智取生辰纲	2元	413.17万枚

邮票规格：54 mm×40 mm

小型张规格：140 mm×87 mm，其中邮票尺寸：90 mm×60 mm

齿孔度数：11度、（M）11.5×11度

整张枚数：28枚

版　别：影写版

设计者：周峰

印刷厂：北京邮票厂

全套面值：0.98元

小型张面值：2.00元

知识百花园

《水浒传》是我国一部古典文学名著，它是依据北宋时期宋江领导的农民起义的史实而创作的。这套邮票，是该系列的第一组，选自《水浒传》前18回中的5个典型故事。

邮票解析

图4-1【史进习武】选自第2回"王教头私走延安府，九纹龙大闹史家村"。邮票画面上，设计者选择了遭受高俅迫害而逃亡的王进，在史家村教授史进习武的场景。王进虽不是梁山一百单八将的成员，但选择他恰恰可以揭示出遭受统治者迫害的正直的人不计其数。

图4-2【鲁智深倒拔垂杨柳】选自第7回"花和尚倒拔垂杨柳，豹子头误入白虎堂"。这段描写鲁智深在大相国寺看管菜园子时，在众泼皮的围观下，用力将一棵大柳树连根拔起，使众人目瞪口呆，惊诧不已，进而折服的故事。邮票画面上，设计者有意突出了鲁智深粗犷侠勇的个性。

图4-3【林冲风雪山神庙】选自第10回"林教头风雪山神庙，陆虞候火烧草料场"。梁山一百单八将被逼上梁山，是从林冲写起的。他本有一个美满的家庭和优越的社会地位，使他养成一种安于现状、怯于反抗的性格。但高俅必欲置之死地而后快。在草料场的风雪之夜，林冲终于忍无可忍，杀死仇敌，走上了反抗的道路。

图4-4【宋江义释晁盖】选自第18回"美髯公智稳插翅虎，宋公明私放晁天王"。这一回，是宋江的出场戏。此时他正在山东郓城县当押司，适逢州府的何观察前来缉拿晁盖等人，宋江当时也认为他们犯有"弥天大罪"，但他不出于义气，还是担着"血海也似的干系"，设计稳住何观察，然后飞马疾驰，报信放走了晁盖等人。这一行动，是宋江对封建王朝的反叛，是他走上造反道路的开始，为梁山义军的创立奠定了基础。

小型张【智取生辰纲】选自第18回"杨志押送金银担，吴用智取生辰纲"。邮票画面上，杨志等众军汉被麻翻在地，眼睁睁地看着宝物被劫去的场景，表现了不同人物的不同个性，突出了主题。

中国古典文学名著——《三国演义》（第一组）

发行日期：1988.11.25

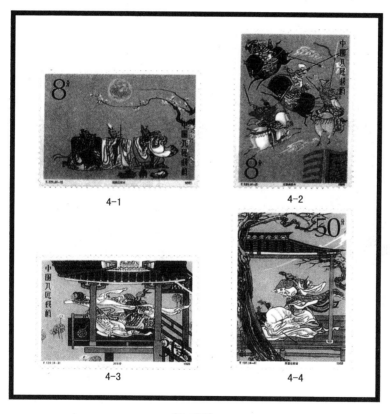

4-1

4-2

4-3

4-4

（T.131）

4-1桃园三结义　　　　8分　　2 343.40万枚

4-2三英战吕布　　　　8分　　2 516.16万枚

4-3凤仪亭　　　　　　30分　　1 258.40万枚

（T. 131 小型张）

4-4煮酒论英雄　　　　　50分　1 181.65万枚

小型张　千里走单骑　　　3元　532.00万枚

邮票规格：（1、3图）54 mm×40 mm；（2、4图）40 mm×54 mm

小型张规格：182 mm×65 mm，其中邮票尺寸：162 mm×40 mm

齿孔度数：11度

整张枚数：20枚

版　　别：影写版

设计者：陈全胜

印刷厂：北京邮票厂

全套面值：0.96元

小型张面值：3.00元

知识百花园

《三国演义》全称《三国志通俗演义》，元末明初作家罗贯中所著。《三国演义》共120回，从东汉灵帝中平元年（184）黄巾起义开始，到晋武帝太康元年（280）吴亡为止。小说通过三国时代的"群雄角逐"，生动描绘了封建统治集团之间军事的、政治的、外交的种种斗争，揭示了当时社会的黑暗与腐朽，谴责了统治者的残暴与丑恶，反映了人民群众的痛苦与灾难，以及他们对统治集团的爱憎与向背。《三国演义》不愧为我国古代历史小说史上的一座辉煌的里程碑。

图4-1【桃园三结义】选自第1回"宴桃园豪杰三结义，斩黄巾英雄首立功"。涿州人刘备，乃汉中山靖王之后，当时以卖鞋织篇为生，他在看榜时与涿县一位"颇有田庄，卖酒屠猪"的大汉张飞结识，两人志趣相投，共入村店饮酒。须臾，又与前来投军的河东解良人关羽结识。三人遂同到张飞庄上议事。经张飞倡议，三人在庄后桃园中结为兄弟，"不问同年同月同日生，但愿同年同月同日死"，以刘备为兄，关羽次之，张飞为弟。

图4-2【三英战吕布】选自第5回"发矫诏诸镇应曹公，破关兵三英战吕布"。丞相董卓窃国专权，曹操令各路诸侯讨伐。此时刘备正做德州平原县令，他率众追随北平太守公孙瓒，响应曹操，同伐董卓。时董卓大将吕布，骁勇善战，无人能敌。在虎牢关前，刘、关、张三人挺身而出，齐心协力，围住吕布"转灯儿般厮杀"，吕布不敌，终于败北。

图4-3【凤仪亭】选自第8回"王司徒巧使连环计，董太师大闹凤仪亭"。司徒王允欲除奸贼董卓，设下连环计，他将自己"年方二八，色技俱佳"的歌伎貂蝉，先许嫁给吕布后又献与董卓，以离间二人，吕布潜入董卓府后花园中的凤仪亭，与貂蝉私会，被董卓撞见，二人由此交恶。不久，董卓终被吕布杀死。

图4-4【煮酒论英雄】选自第21回"曹操煮酒论英雄，关公赚城斩车胄"。东汉献帝为除曹操，秘颁诏令刘备"讨贼"。刘备接诏后，为防曹操谋害，整日在后园种菜浇灌，不问世事，"以为韬晦之计"。一日，曹操请刘备去喝酒，使刘备惴惴不安。席间，曹操豪饮畅谈，纵论当时风云人物，最后得出结论："今天下英雄，唯使君与操耳！"刘备闻言大惊，以为曹操窥破自己的心志，不觉将筷子失落于地。刚好正值雷声大作，刘备便假托是被雷声吓落至此，将惊惧之态掩饰过去。

小型张【千里走单骑】选自第27回"美髯公千里走单骑，汉寿候五关斩六将"。曹操破获衣带诏后，发兵攻打占据徐州的刘备。刘备兵败逃奔袁绍，张飞亦败往芒砀山。关羽被围上山，以三事相约，暂时屈从曹操，并为曹操连斩袁绍手下颜良、文丑二将。曹操爱惜关羽将才，极力笼络，封他为汉寿亭侯，但关羽"身在曹营心在汉"，在打听到刘备去处后，辞谢曹操，护送二嫂登途。一路上连过东岭、洛阳、汜水、荥阳、滑州五关，斩曹操部下孔秀、孟坦、韩福、卞喜、王植、秦琪六将，最后在古城与张飞相聚。

中国古典文学名著——《水浒传》（第二组）

发行日期：1989.7.25

4-1

4-2

4-3

4-4

（T.138）

| 4-1武松打虎 | 8分 | 2 197.20万枚 |
| 4-2秦明夜走瓦砾场 | 10分 | 1 921.15万枚 |

4-3花荣梁山射雁　　　　　20分　　　2 157.37万枚

4-4黑旋风斗浪里白条　　1.30元　　　1 895.00万枚

邮票规格：54 mm×40 mm

齿孔度数：11度

整张枚数：28枚

版　　别：影写版

设计者：周峰

印刷厂：北京邮票厂

全套面值：1.68元

知识百花园

　　《水浒传》这部充满智慧的古典文学名著，其卓绝的成就之一，就是成功地塑造了人物。金圣叹在《水浒传序》中说："《水浒》所叙，叙108人，人有其性情，人有其气质，人有其口声。"全书如一线串珠，把一系列长短不齐的人物列传串联成书，从而深刻地表现了中华民族的精神和性格。这套《水浒传》（第二组）邮票，选自第23回到第38回中的四个主要故事情节，刻画了五位梁山好汉的不同个性。

邮票解析

　　图4-1【武松打虎】选自第23回"横海郡柴进留宾，景阳冈武松打虎"。武松是山东清河县人，排行第二，人称"武二郎"。他身躯凛凛，相貌堂堂，秉性刚烈，武艺高强。武松在沧州与柴进、宋江告别后，来到阳谷县"三碗不过冈"酒家，吃了4斤牛肉，喝了15碗"出门倒"的烈酒，不觉英气豪涌，在暮色苍茫之中直上景阳冈，恰遇猛虎，他先是机智地闪过老虎的一扑、一掀、一剪，然后抢起哨棒猛劈下去，不想哨棒打在枯树上断为两截，武松丢掉棍棒，赤手空拳，仗平生武艺，尽英雄神威，提起铁锤般大小的拳头，只五七十下，竟把一只"吊睛白额大虫"，顿时打成一堆肉泥。邮票画面为这一场恶斗的情景，充分显示了武松的争强好胜，临危不惧，超人的勇猛和过人的胆量。

　　图4-2【秦明夜走瓦砾场】选自第34回"镇三山大闹青州道，霹雳火夜走瓦砾

场"。秦明原是青州指挥司总管本州兵马统制,因性情暴躁,声若雷霆,被人唤做"霹雳火"。他使一条狼牙棒,有万夫不当之勇。在攻打清风山时,被宋江、花荣活捉,劝降不从。于是,宋江、花荣一面稳住秦明,一面连夜派人乔装成秦明模样,领兵攻打青州城,使出一手"反间计"。待第二天秦明被释放后回到青州城下,只见瓦砾遍地,尸横遍野。而青州知府慕容彦达还不知是计,杀了秦明妻子,不准秦明进城。秦明后路已断,无奈只得再回清风山,投了宋江、花荣。如果说,梁山上的众多头领是被逼而至的,而秦明则是被"赚"上梁山的,揭示了梁山英雄聚义的复杂社会背景。邮票画面上,气急败坏,舞着狼牙棒的秦明,面对青州城上雨点般射下的箭矢,既无可奈何,又无路可走,陷入了困难的窘境,而这也正是秦明重新审视世界,人生发生转折,走上反叛道路的关键时刻。

图4-3【花荣梁山射雁】选自第35回"石将军村店寄书,小李广梁山射雁。"花荣是清风寨武知寨,射得一手好箭,有百步穿杨之功,被人誉为"小李广"。因受正知寨刘高的陷害,与宋江一道上清风山"落草"。在与宋江等投奔梁山的途中,遇见两位使方天画戟的壮士在争斗,两戟上的绒绦相缠,无法分拆。花荣一箭射去,恰将绒绦射断。上梁山后,晁盖不信花荣有此神功,时值空中有一行飞雁,花荣便挽弓取箭,指名要射第三只雁的脑袋。箭声响处,飞雁应声而落,众人骇然,称之为"神臂将军"。邮票画面上,展示了"箭响雁落"及众人酒后的醉态和对花荣神箭的惊讶、赞许,充分表达梁山好汉,个身怀绝技,绝非等闲之辈。

图4-4【黑旋风斗浪里白条】选自第38回"及时雨会神行太保,黑旋风斗浪里白条"。李逵是沂州人,因杀人而流落江州,当了小牢子。他生得"黑熊般一身粗肉,铁牛似遍体顽皮",人称"铁牛儿",又号"黑旋风"。他忠诚勇敢,爱憎分明,但又行事鲁莽。"浪里白条"张顺,是江州一个鱼贩子,因"浑身雪练似一身白肉,没得四五十里水面,水底下伏得七日七夜,水里行一似一根白条"而得名。这段故事是说宋江案发被捉,发配江州,幸遇戴宗、李逵。宋江替李逵还了债,又借与他十两银子。李逵对此感恩不尽。当他听说宋江要吃活鱼时,便去江边抢鱼,并打了张顺。张顺知道在陆地上并非李逵对手,便用激将法把李逵骗上渔船,然后充分发挥自己水中本领,狠狠教训了李逵。邮票画面上,选择了张顺在船上撩拨李逵,李逵性起,不顾一切,猛扑过来的场面。

中国古典文学名著——《三国演义》（第二组）

发行日期：1990.12.10

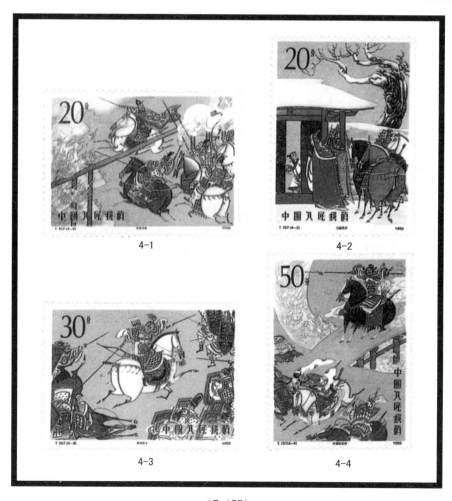

4-1

4-2

4-3

4-4

(T.157)

认识邮票中的文学与生肖故事

4-1 夜袭乌巢　　　20分　　　2 177.40万枚

4-2 三顾茅庐　　　20分　　　2 075.65万枚

4-3 单骑救主　　　30分　　　1 787.90万枚

4-4 大闹长坂桥　　50分　　　1 565.95万枚

邮票规格：（1、3图）54 mm×40 mm；（2、4图）40 mm×54 mm

齿孔度数：（1、3图）11.5×11度；（2、4图）11×11.5度

整张枚数：20枚

版　　别：影写版

设计者：陈全胜

印刷厂：北京邮票厂

全套面值：1.20元

知识百花园

这套邮票为《三国演义》系列邮票第二组，选取书中第30回至42回的四个主要故事情节。

邮票解析

图4-1【夜袭乌巢】选自《三国演义》第30回"战官渡本初败绩，劫乌巢孟德烧粮"。官渡之战是袁绍、曹操双方势力消长的转折点，夜袭乌巢为这一战役的关键。曹、袁二军对峙官渡已久，曹军粮草供应不及，有退兵之意。时袁绍谋士许攸劝袁发兵许昌，两路夹击曹军，但袁绍听信奸臣，反欲加害许攸。无奈，许攸只好投奔旧友曹操。曹操以大礼待之，并采纳了许攸夜袭袁军粮草重地乌巢的建议。曹亲自率兵五千，打着袁军旗号，人衔枚，马勒口，进军乌巢。乌巢袁军见来兵乃自家番号，也不多疑。曹操令兵士点燃火种，火烧袁军粮仓辎重，刹时乌巢一片火海。袁绍慌忙派兵来救，亦被曹军打败。自此，袁绍退守冀州，一蹶不振。邮票主图为，曹操挥剑指挥兵将奋力冲杀，乌巢浓烟滚滚，烈焰腾腾的情景。

图4-2【三顾茅庐】选自《三国演义》第37回"司马徽再荐名士，刘玄德三顾茅庐"。自从听了水镜先生"'伏龙凤雏'两人得一，可安天下"的话后，刘备求"龙凤"之心，日甚一日。他得知"伏龙"乃隐居卧龙岗的诸葛孔明后，便与关

羽、张飞一顾茅庐，请孔明出山，孰料孔明不在，只好返回；二顾茅庐时，正值隆冬，天气严寒，刘备等人没走多远，便遇上了风雪。等他们费尽气力赶到卧龙岗时，孔明又不在，只得快快而归；三顾茅庐时，刘备让人选择吉期，然后斋戒三日，薰沐更衣。关羽、张飞牢骚满腹，刘备则说：昔日齐桓公见东郭野人，尚往返五次方见一面，更何况孔明乃当今之大贤，你们不必多言。三人骑马来到隆中，离草庐半里之外，刘备便下马步行。他闻知孔明正寝，便让关、张门前等候，自己徐步而入，拱立阶下。过了许久，孔明方醒。自此以后，孔明出山，助玄德大败曹兵，三分天下。邮票主图为数九隆冬，玄德兄弟三人迎风冒雪第二次去草庐时，小童开门说："师父不在"时的情景。玄德的虔诚，求贤若渴的心态，关羽的不屑一顾以及张飞的不耐烦，以及小童的不卑不亢，都刻画得真真切切。

图4-3【单骑救主】选自《三国演义》第41回"刘玄德携民渡江，赵子龙单骑救主"。火烧新野之后，曹军继续进兵。刘备此时本应赶紧撤离南下，但他不忍丢下相随的百姓，因此速度迟缓，在当阳县被曹兵追上，一场血战，天昏地暗。赵云本负责保护刘备的老小，但一场厮杀，不见了刘备，也丢了老小。无奈只得再入乱军之中，寻找甘、糜二夫人及小主人阿斗。经过一番拼杀，赵云先救下甘夫人，送到长坂桥，然后继续寻找糜夫人和阿斗。在厮杀过程中，他截获了曹操心爱的"青虹"宝剑，更大显神威，糜夫人身负重伤，为免拖累赵云，投井而死。赵云只得怀抱阿斗，只身突出重围。此战他共砍倒大旗两面，夺槊三条，杀死曹营名将50余人。待他回到长坂桥时，已是血满战袍。刘备接过睡得正甜的阿斗，扔到地上说："为你这乳臭未干的小儿，几乎折损我一员大将。"俗言"刘备摔孩子，刁买人心"，正出于此。邮票画面上，赵云在曹营兵将的重重包围中，四下奔杀，如入无人之境，充分显示了蜀军上将的风采。

图4-4【大闹长坂桥】选自《三国演》第42回"张翼德大闹长坂桥，刘豫州败走汉津口"。赵云突出重围后，曹将文聘仍旧追赶至长坂桥。但见张飞倒竖虎须，圆睁环眼，手持蛇矛，立马桥上。一会儿，曹操与众将也纷纷赶到，看到张飞怒目横眉立于桥上，疑是孔明之计，不敢近前。张飞厉声大喝："我乃燕人张翼德也，谁敢与我决一死战！"声如巨雷，曹军闻之，尽皆胆颤。曹操对左右人说："我曾听关云长言：翼德于百万军中，取上将之首，如探囊取物，今日相逢，不可轻敌。"邮票画面为猛将张飞立马横矛于长坂桥上，大喝一声，吓死夏侯杰，喝退曹操大兵的情景。表现了蜀将张飞无所畏惧的英雄气概和曹兵狼狈逃窜的惨状。

中国古典文学名著——《水浒传》（第三组）

发行日期：1991.11.19

4-1　　　　　　　　　　4-2

4-3　　　　　　　　　　4-4

（T.167）

4-1梁山泊戴宗传假信	20分	2 045.3004万枚
4-2一丈青单捉王矮虎	25分	1 729.4504万枚
4-3顾大嫂登州大劫牢	25分	1 831.2004万枚

（T.167 小型张）

| 4-4孙立计破祝家庄 | 90分 | 1 759.4504万枚 |
| 小型张　四路劫法场 | 3元 | 1 305.6万枚 |

邮票规格：54 mm×40 mm

小型张规格：87 mm×140 mm，其中邮票尺寸：60 mm×90 mm

齿孔度数：11度、（M）11×11.5度

整张枚数：28枚

版　别：影写版

设计者：周峰

印刷厂：北京邮票厂

全套面值：1.60元

小型张面值：3.00元

———————————— 知识百花园 ————————————

这套《水浒传》第三组邮票，选取书中第39回至50回的五段故事。

———————————— 邮票解析 ————————————

图4-1【梁山泊戴宗传假信】选自第39回"浔阳楼宋江吟反诗，梁山泊戴宗传假信"。刺配江州的宋江在浔阳楼独自饮酒，感恨伤怀，遂在墙上题诗。诌佞之徒黄文炳见诗中有"他时若遂凌云志，敢笑黄巢不丈夫"等句，便密告江州知府蔡九，将宋江以"谋反"的罪名打入死囚牢中。担任两院押牢节级的戴宗一日能行800里，被蔡九差往京师送信。途经梁山时，他将宋江入监的消息报告了众好汉。吴用定计，请来善写诸家字体的萧让和善刻金石印记的金大坚，伪造当朝太师、蔡九之父蔡京的回书，教把宋江押赴京师，准备在路上伏兵相救。不料这封伪造的书信被黄文炳看出破绽，戴宗因此也被下于大牢之中。邮票画面刻画出他们各自不同的性格和心理，造成一种有别于战斗场面的相对平静的气氛。

图4-2【一丈青单捉王矮虎】选自第48回"一丈青单捉王矮虎，宋公明两打祝家庄"。祝家庄主祝朝奉父子欺压乡民，决意与梁山义军为敌。宋江率大军下山讨伐。一打祝家庄，梁山人马误入盘陀路，遭伏兵袭击，不胜而归。二打祝家庄时，祝家庄的同盟军扈家庄出兵相助。其女将"一丈青"扈三娘骁勇善战，使日月双刀，连败梁山数员战将。宋江麾下"矮脚虎"王英，轻视她是女将，指望一个回合便可生擒。谁想斗过十几回合，王英渐觉手颤脚麻，乱了枪法。他拨马欲走，被扈三娘轻舒猿臂，提下马鞍。以后扈三娘被林冲所擒，归顺梁山，由宋江做媒，与王英结为夫妇。邮票画面上选择"一丈青"挂双刀，轻提王矮虎的瞬间，把扈三娘艺高人胆大的洒脱风度与王矮虎好色而武艺平平的惊慌状态，表现得既紧张激烈，又戏谑诙谐，使人如闻如见。

图4-3【顾大嫂登州大劫牢】选自第49回"解珍解宝双越狱，孙立孙新大劫牢"。登州猎户解珍、解宝，捕获的猛虎被当地恶霸毛太公赖去，知府受了毛家

贿赂，将二解判成死罪。小牢子乐和路见不平，便请解氏兄弟的表姐顾大嫂设法营救。江湖上人称"母大虫"的顾大嫂武艺高强，在登州城外卖酒为生。她说动丈夫孙新和担任登州兵马提辖的大伯孙立，又请来登云山好汉邹渊、邹闰，定下劫牢反狱、共投梁山的大计，准备停当后，顾大嫂身藏利刃，扮作农妇到牢里送饭，乐和也悄悄给解珍、解宝解开枷锁，孙立则按约定在牢外打门。他们里应外合，救出二解，接着又血洗州衙，杀掉贪官污吏，火烧毛太公庄院，连夜投奔梁山。邮票画面上，把顾大嫂、二解和乐和组织在一起，充分表现顾大嫂疾恶如仇、见义勇为，为解救无辜者而置个人安危于不顾的顾大嫂的英雄形象；而把包节级放到左下角，从构图上造成一种"挤压感"，渲染了人民群众对贪官污吏怒不可遏的心情。顾大嫂登州大劫牢的义举，着实为生活在重压之下的苦难百姓出了一口"鸟气"。

图4-4【孙立计破祝家庄】选自第50回"吴学究双用连环计，宋公明三打祝家庄"。孙立等人投奔梁山后，听说宋江两次攻打祝家庄均失利，便随吴用一起赶到宋江军前，献计破庄。孙立打着"登州兵马提辖"的旗号，假称对调郓州，驻防，来到祝家庄。在祝家庄与梁山义军的交锋中，孙立故意生擒梁山将领石秀，得到祝氏父子的敬服。宋江发兵三打祝家庄，祝家庄分四路迎战。孙立乘机在庄内救出被囚的梁山好汉，并放起大火。梁山义军望见庄内火起，猛烈夹击，杀死祝家父子，进入庄内。三打祝家庄之战遂告全胜。邮票画面上为孙立待祝家庄四路兵丁杀出庄门之后，趁机带人在庄内杀人放火，守住吊桥的情景。

小型张【四路劫法场】选自第40回"梁山泊好汉劫法场，白龙庙英雄小聚义"。蔡九将宋江、戴宗押赴市曹十字路口，准备斩首。梁山好汉晁盖、花荣、燕顺、阮小二等率领百余土卒，扮作客商、脚夫、乞丐和卖枪药的，分四路将法场团团围住。蔡九正要对宋江、戴宗开刀问斩，藏在围观人群中的梁山好汉突然拔出兵器，四下里杀将起来。"黑旋风"李逵脱得赤条条的，手握两把板斧，从茶楼上凌空跃下，砍翻了两个准备行刑的刽子手，救下宋江、戴宗。江州城的官兵被杀得尸横遍野，血流成河。随后，晁盖、宋江等29条好汉在江州城外白龙庙聚会，智取无为军，擒杀了黄文炳。宋江从此走上了一条与官府为敌的道路。邮票画面上，为彪形大汉的李逵，怪眼圆睁，须眉倒竖，赤膊上身，手抢板斧，一味地砍将过来。紧随其后的晁盖等各路头领，也撇了车轫担仗，各操家伙直杀过来，衙役们簇拥着蔡九知府逃命而去的"打斗"场面。

中国古典文学名著——《三国演义》（第三组）（T）

发行日期：1992.8.25

4-1　　　　　　　4-2

4-3　　　　　　　4-4

(1992-9)

4-1舌战群儒	20分	2 910.2万枚
4-2蒋干盗书	50分	2 865.7万枚
4-3智激孙权	30分	2 890.7万枚
4-4草船借箭	1.60元	2 979.2万枚

邮票规格：（1、3图）54 mm×40 mm；（2、4图）40 mm×54 mm

齿孔度数：11×11.5度、11度

整张枚数：20枚
版　　别：影写版
设计者：戴宏海
印刷厂：北京邮票厂
全套面值：2.60元

知识百花园

　　赤壁之战是小说《三国演义》中描绘得最为精彩的一次战役，也是魏、蜀、吴三分天下，确立鼎足之势的一个基础。关于这次战役，正史《三国志》的记载极为简略，直到北宋司马光编纂的《资治通鉴》中才有一个比较详细的记述。在这个基础上，《三国演义》作者绘声绘色地展现了这场战役的全过程，给人留下了极为深刻的印象。这次发行的《三国演义》第三组4枚邮票，比较概括地反映了赤壁鏖兵的整个酝酿过程。

　　设计者运用夸张、对比的手法，把人物性格及形象刻画得栩栩如生，活灵活现。如智激孙权，诸葛亮神情自若，不露声色，而孙权则怒目圆睁，拂袖而去；蒋干盗书，周瑜睡眼蒙眬，心中窃喜，而蒋干却惊恐不安，又得意忘形；草船借箭，船外喊杀震天，箭如飞蝗，船内诸葛亮虚怀若谷，悠然平静，而鲁肃却面带忧虑，强作镇定等等，种种神态，真是淋漓尽致，入木三分，逼真地再现了当年事件发生时的情景，使人深受感染。

邮票解析

　　图4-1【舌战群儒】出自《三国演义》第43回"诸葛亮舌战群儒，鲁子敬力排众议"。汉献帝建安十三年（208），曹操率80万大军，下荆州，据江陵，水陆并进，直逼东吴的政治、军事中心京口（今江苏镇江）。在这大敌当前之际，孙权只有联合刘备，同心破曹，才可转危为安，免致覆灭。然而，当时东吴，武将主战，文官要降，而孙权却首鼠两端，举棋不定。就在这关键时刻，诸葛亮被鲁肃请到了江东，他在谒见孙权之前，先与东吴众谋臣会于外堂。张昭等人知道诸葛亮的来意，便故意寻找话题，挑起争论，欲使诸葛亮知难而退。面对众谋臣的责难，诸葛亮从容不迫，分析形势，陈说利害，对答如流，说明东吴只能战不能降的道理，驳

得众谋臣"尽皆失色""张昭无一言以对""虞翻不能对""步骘默然无语""薛综满面羞惭,不能对答""陆绩语塞""严畯低头丧气不能对",一个个都败下阵来。这段故事充分表现了诸葛亮能言善辩和沉着应变的非凡才能。

图4-2【蒋干盗书】出自《三国演义》第45回"三江口曹操折兵,群英会蒋干中计"。

赤壁大战前夕,曹操率领百万大军驻扎在长江北岸,想横渡长江,直下东吴。东吴都督周瑜率军与曹操隔江对峙。曹操的谋士蒋干,因自幼与周瑜是同学,便自告奋勇到江东作说客,劝降周瑜。周瑜知其来意,便设下反间妙计,他设宴款待蒋干,传令部下文官武将全来作陪,这些人都可称作江东英雄,因此周瑜命名为"群英会"。

宴罢,周瑜假装喝醉,与蒋干同床而眠。夜里,蒋干见周瑜鼾声大作,以为他睡着了,便偷偷起床去看桌上文书。邮票画面上描绘了这一场景。

蒋干盗得假冒曹操水军都督蔡瑁、张允写给周瑜的降书,献给曹操,曹操大怒,将蔡、张二将斩首。当曹操醒悟时,已追悔莫及。后来蒋干盗书用来比喻中别人的反间计。

图4-3【智激孙权】出自《三国演义》第43回和第44回"孔明用智激周瑜,孙权决计破曹操"。诸葛亮与孙权见面后,通过察言观色,心中定下了"只可激、不可说"的策略。针对孙权惧怕曹操而战和不定的心理,先说曹操势大,不如投降,当孙权问刘备为何不降时,诸葛亮说刘备乃汉室后代,盖世英雄,怎能屈于人下?这一句话激得孙权"勃然变色,拂衣而起"。邮票画面即表现了这个场面。

图4-4【草船借箭】出自《三国演义》第46回"用奇谋孔明借箭,献密计黄盖受刑"。诸葛亮神机妙算,智谋过人,使周瑜深为妒忌,恐以后对东吴不利,屡欲除之。机会来了,大战在即,周瑜限诸葛亮10日之内监造出10万支箭,诸葛亮一口答应,并说10天太长,只要3天即可完成。周瑜要诸葛亮立下军令状,如不能完成则要杀头。诸葛亮若无其事,暗地准备20只船,船上以青布为幔,各束草人千个。至第二日凌晨,大雾漫江,诸葛亮命20只船用长索相连,向北岸进发。当接近曹营水寨时,诸葛亮下令将船一字摆开,擂鼓呐喊,自己却与鲁肃在船内饮酒消遣。曹操闻报,命令1万余名弓箭手乱箭齐射。待雾气消散,诸葛亮下令返航,这时,20只船上的草人已插满箭支,轻而易举地完成了任务。周瑜得知诸葛亮得箭的经过,只得惊叹:"孔明神机妙算,吾不如也!"

中国古典文学名著——《水浒传》（第四组）（T）

发行日期：1993.8.20

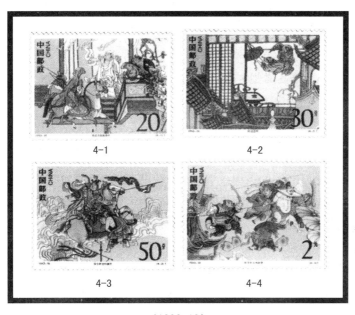

4-1   4-2

4-3   4-4

（1993-10）

4-1柴进失陷高唐州　　20分　　5 501.25万枚

4-2时迁盗甲　　　　　30分　　5 202万枚

4-3徐宁教使钩镰枪　　50分　　4 508.3万枚

4-4劫法场石秀跳楼　　2元　　 4 309.5万枚

邮票规格：54 mm×40 mm

齿孔度数：11度

整张枚数：28枚

版　别：影写版
设计者：周峰
印刷厂：北京邮票厂
全套面值：3.00元

知识百花园

这套邮票，作为《水浒传》系列邮票第四组，其内容选自第51回至第61回间的4段精彩描写，反映了这场农民起义的风风雨雨。

邮票解析

图4-1【柴进失陷高唐州】选自《水浒传》第51回"李逵打死殷天锡，柴进失陷高唐州"。为了让朱同上梁山入伙，宋江设计让李逵杀了由朱同照看的沧州知府的小衙内，以绝朱同退路。在朱同火气未消之前，李逵暂避于柴进的庄园内。柴进为后周皇室后代，宋太祖赵匡胤陈桥兵变夺权后，曾以丹书铁券明令优待后周的皇室子孙。高唐州知府高廉仰仗其堂兄高太尉的势力为所欲为；其妻弟殷天锡也仗势欺人，要霸占柴进叔父柴皇城的花园，并指使手下人欲打柴进。李逵按捺不住，失手打死了殷天锡。柴进为解救李逵，让他连夜逃回梁山泊，自己仗着有丹书铁券庇护，料高廉不敢将他怎样。不承想高廉不顾柴进的护身符，将他抓进衙门，打入死囚牢内。邮票画面选择了殷天锡骑着一匹窜行的马，领一帮带着五七分酒意的闲汉捆绑柴进的场景。柴进也正是遭此磨难，被如此悲凉的玩笑所嘲弄，才使他看透了这公道不彰的丑恶现实，开始了反上梁山的历程。

图4-2【时迁盗甲】选自《水浒传》第55回"吴用使时迁偷甲，汤隆赚徐宁上山"。梁山好汉为救柴进，攻破了高唐州，杀死知府高廉。高太尉禀奏皇上，调汝宁郡都统制呼延灼来攻打梁山泊。呼延灼率三千连环军马，马挂马甲，人披铁铠，每30匹马用铁索相连。义军虽占尽地利人和，而对连环马却无处下手，难以取胜。梁山好汉"金钱豹子"汤隆献上一计，请其表兄东京御林军教头徐宁来破连环马。为赚取徐宁上山，军师吴用命"鼓上蚤"时迁去东京盗取徐宁家祖传宝物"雁翎圈金甲"。时迁到东京后，先勘察了地形，到了夜间一更时分，方从后门翻墙溜进徐宁家，躲在屋外观察厨房、卧室的动静。四更左右，时迁溜进厨房，藏到桌下。待

到五更天，趁徐宁用过早饭，丫环送徐宁出门之机，他溜到楼上，藏到房梁上。丫环送罢徐宁，回屋躺下，时迁用芦管吹熄油灯，从梁上解下盛有金甲的匣子，准备开溜，却被徐宁夫人听到动静。时迁灵机一动，学老鼠打架的嘶叫声，蒙混过关，背着金甲从徐宁家一口气奔到城外。邮票画面选择时迁"倒挂金钟"于梁上，正在解下金甲之匣的关键时刻，从而，把时迁的机警，环境的惊险，盗甲的成功，都作了交待。

图4-3【徐宁教使钩镰枪】选自《水浒传》第56回"徐宁教使钩镰枪，宋江大破连环马"。时迁盗走徐宁的传家之宝后，汤隆以帮助追甲为名，连蒙带骗将徐宁赚上梁山。宋江对徐宁晓以大义，又派人接来徐宁的家属，解除了广他的后顾之忧。徐宁便在梁山泊教义军学习钩镰枪法。其法可有9种变化。在马上使用，三钩四拨，一搠一分，打上、中七路；步行使用，八步回拨，钩东拨西，专门钩蹄拽腿，打下三路。徐宁先自己演示一遍，再讲解精要之处，反复演练，不出半月，就有六七百军士能熟练使用钩镰枪了。然后，宋江挥军上阵，用钩镰枪大破了呼延灼的连环马，解了梁山之围。邮票画面即选取徐宁正在教使枪法的英姿，以切主题。而把汤隆也纳入票图，不仅是他赚徐宁上山有功，且会造钩镰枪。

图4-4【劫法场石秀跳楼】选自《水浒传》第61回"放冷箭燕青救主，劫法场石秀跳楼"。宋江为请卢俊义上梁山泊聚义，定计让卢在梁山住了几十天。等卢俊义回到家中，却被总管李固谋财夺妻，并以"通贼"的罪名下到牢里。柴进使千两黄金上下打点，才免去死罪，改为刺配沙门岛。押解卢俊义的两个公差得了李固的贿赂，故意烫伤卢俊义的双脚，准备在行至树林深处无人时下毒手，幸被"浪子燕青"发现解救。但因卢俊义脚上有伤而再次被捕，定了死罪。燕青在搬救兵途中，遇到宋江派来打探消息的杨雄和石秀。杨雄和燕青回山寨报告，石秀独自到京城打探消息。一进京，正赶上官府准备将卢俊义押赴市曹斩首。他就先到法场附近一个酒楼上，要了酒肉，自吃自饮。午时三刻，卢俊义被押至法场，就在刽子手开刀问斩的千钧一刻，号称"拼命三郎"的石秀，手拎腰刀从酒楼上跳进法场，断喝一声："梁山好汉全伙在此！"手起刀落，砍瓜切菜般地杀了十几个官兵，拉了卢俊义便走。可惜石秀刚到京城，路径不熟，加上卢俊义行走不便，不久就被大队人马围住。石秀救人不成，自陷囹圄，但为营救卢俊义赢得了宝贵的时间。邮票画面正是选取在那千钧一发的关键时刻，石秀孤身一人，纵身而跳的情景，充分展现了梁山好汉忠肝义胆的英雄豪杰形象。

中国古典文学名著——《三国演义》（第四组）（T）

发行日期：1994.11.24

4-1

4-2

4-3

4-4

（1994-17）

4-1横槊赋诗　　　　20分　　9 094.7万枚

4-2刘备招亲　　　　30分　　5 117.7万枚

4-3威震逍遥津　　　50分　　5 248.7万枚

（1994-17 小型张）

4-4火烧连营　　　　1元　　　3 563.7万枚

小型张　赤壁鏖兵　　5元　　　3 033.6万枚

邮票规格：（1、3图）54 mm×40 mm；（2、4图）40 mm×54 mm

小型张规格：182 mm×65 mm、其中邮票尺寸：162 mm×40 mm

齿孔度数：11度

整张枚数：20枚

版　　别：影写版、胶版（M）

设计者：戴宏海

印刷厂：北京邮票厂

全套面值：2.00元

小型张面值：5.00元

知识百花园

　　这套《三国演义》第四组邮票，取自此古典文学名著第48至84回之间的5个故事。其内容除"刘备招亲"在于显示吴蜀联姻和突出诸葛亮的智慧外，其他邮票则从"赤壁之战""合肥之战""夷陵之战"这三大战役中，分别反映魏、吴、蜀三方军事上的败绩，从中进一步塑造出曹操、孙权、刘备这三个人物性格上的弱点和周瑜、诸葛亮、张辽、陆逊等人的军事谋略。

图4-1【横槊赋诗】选自《三国演义》第48回"宴长江曹操赋诗，锁战船北军用武"。建安十三年（208），曹操率马步水军83万，号称百万，水陆并进，浩浩荡荡沿江而下，南征东吴。但他心中时时提防西凉的韩遂、马腾杀向许都。后徐庶接受庞统的脱身计，向曹操请得3 000人马，连夜赶往散关设防，曹操心中稍安。是年冬11月15日，天气晴朗，江面上风平浪静，曹操乘大船巡视水寨，令部下置酒设乐，与诸将会饮。天色渐晚，月上东山，长江一带，如横素练。曹操举目四望，山色如画，放眼空阔，不觉踌躇满志，并怀畅饮，直至半夜。趁着醉意，曹操狂言：如得江南，当娶二乔置铜雀台上，以娱暮年。并取槊立于船头，以酒奠江，慷慨作歌。邮票画面上，正是充分展现了曹操立于船头，横槊赋诗的这种兵家豪气，突出了他那骄盈自满、趾高气扬的精神状态，预示着他必然惨败的结局。

图4-2【刘备招亲】选自《三国演义》第54回"吴国太佛寺看新郎，刘皇叔洞房续佳偶"。刘备招亲，表面上看是一件喜事，但实际上是一场经过精心策划的政治阴谋。因此，邮票画面上的气氛是沉闷而压抑的，出场人物各有各的心态，如刘备和赵云在胜利的喜悦中带着警惕；吴国太母女得意中婿；乔国老由于促成了这件事也自觉欣喜；孙权弄巧成拙而表面应付，心里在想着新计谋；众大臣及各色人物密密麻麻，使画面更加沉重。设计者在原图稿中，为了烘托婚礼气氛，在画面上挂起大红灯笼，贴上了双喜字，并有写着"龙凤呈祥，孙刘联袂"的对联。中国国家博物馆的专家考证后认为，1700年前的三国时代尚未出现彩灯和对联，因此，邮票图稿经修改，去掉了灯笼和对联，双喜字也改成小篆的喜字，使之更贴近于真实。又据考证，江苏镇江北固山上的甘露寺，其建置最早也要在三国后期吴孙皓"甘露"年间（262－266），因此，说"吴国太佛寺（指甘露寺）看新郎"，纯属子虚，只是邮票设计，依原著而已。

图4-3【威震逍遥津】选自《三国演义》第67回"曹操平定汉中地，张辽威震逍遥津"。建安二十年（215），曹操西征张鲁，平定汉中（东川），又想乘胜取西川。诸葛亮探知曹操因畏惧孙权，分兵屯于合肥，乃遣伊籍使吴，诳以江夏、长沙、桂阳三郡还吴，说动孙权袭击合肥，以牵制曹兵西进。孙权率10万兵马进击合肥，令吕蒙、甘宁为前队，自己与凌统居中，首先攻破皖城。合肥守将张辽乃奋力迎战，令李典引军埋伏于逍遥津北，待吴兵至，先断小师桥，绝其归路。吴军前队与魏将乐进遭遇，乐进诈败而走，吕蒙、甘宁引军追赶。孙权闻前军得胜，催兵行

至逍遥津北，忽听连珠炮响，张辽、李典两路伏兵分左右杀出，凌统翻身死战，孙权意欲抢渡小师桥，但桥板已折丈余，孙权纵马跃过桥去，才得以逃回营寨。甘宁、吕蒙引军回救，又被截杀，吴兵折了大半，所余者几成惊弓之鸟，死命逃过江去。这一仗，只杀得吴兵心惊胆寒。邮票画面浓缩了战争场面，缩小了空间，只出4人4骑，分别为落荒而逃的孙权，拼杀救主的凌统，左右夹击的张辽和李典，特别是把张辽置于左上角最高处，突出了"威震"这一主题，又不失合肥之战的紧张和激烈。

图4-4【火烧连营】选自《三国演义》第84回"陆逊营烧七百里，孔明巧布八阵图"。章武二年（222），刘备为报义弟关羽、张飞被杀之仇，誓志灭吴，乃兵分八路，水陆并进。自猇亭布列军马，直至川口，连接700里，前后40座营寨，深入到吴国境内。孙权拜陆逊为大都督，领兵迎战。为避蜀军锐气，令诸将坚守关隘险要，任蜀兵多次搦战，辱骂百端，仍不许出战。其时天气炎热，刘备乃令移营至山林茂密、近溪傍涧之处。相持七八个月之久，蜀兵力疲意怠，懒于防守。陆逊方升帐调度人马，令军士自带火种，分攻大江两岸的蜀营，一时树木皆着，烈焰腾腾，风助火势，火光冲天，七百里蜀营一片火海。吴兵四下冲杀，蜀兵尸横遍野，粮草器杖，尺寸不存；蜀将川兵，降者无数。刘备陷入重围之中，幸亏张苞从火光中出现，前来救驾，刘备及所剩百余人败走白帝城，进而演出了一出在白帝城托孤的故事。邮票画面正是表现刘备被吴将徐盛、丁奉夹攻，千钧一发之际，张苞杀入重围，救出刘备，后又遇上傅彤，合兵而行。这一行人从火海夹缝中逃生，从此，蜀国元气大伤，由盛而衰，一蹶不振，这一仗便是转折点。

小型张【赤壁鏖兵】赤壁之战是《三国演义》中规模最为宏伟的一次战役，也是魏、蜀、吴三国鼎立局面形成的关键。对这场战役的描绘，从第43回"诸葛亮舌战群儒"就拉开了序幕，一直发展延续到第50回，前后共用了8个回目，详细叙述了东吴君臣抗曹决心的形成经过，蒋干偷书中计，孔明草船借箭，黄盖甘受苦肉计，阚泽密献诈降书，庞统巧施连环计，直到七星坛孔明祭风，万事俱备，正所谓"水到渠成"。最后三江水战，赤壁鏖兵，一场大火，直烧得曹营楼船灰飞烟灭，曹军着枪中箭，火焚水溺，不计其数，曹操落荒而逃，败走华容道。这场战役，场面巨大，气势恢宏；相连战船，铺满水面；火海满江，烈焰冲天；兵丁战将，混成一片，真可谓旷古闻名。小型张主图将水战画在中央，突出献苦肉计的黄盖形象；左边为借东风，解释了"万事俱备，只欠东风"这一战役的关键，右边突出了保护曹操弃船登岸逃跑时身边主要大将张辽的形象。

孙子兵法（T）

发行日期：1995.12.4

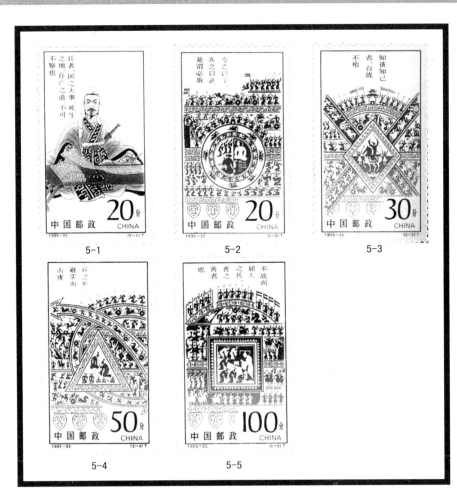

5-1　　　　　　5-2　　　　　　5-3

5-4　　　　　　5-5

（1995-26）

5-1孙子像	20分	5 168.1万枚
5-2吴宫叙战	20分	5 168.1万枚
5-3五战入郢	30分	2 704.1万枚
5-4艾陵之战	50分	3 124.9万枚
5-5黄池会盟	100分	2 686.5万枚

邮票规格：30 mm × 50 mm

齿孔度数：12度

整张枚数：32枚

版　别：影写版

设计者：陈全胜

印刷厂：北京邮票厂

全套面值：2.20元

知识百花园

孙子（约公元前6世纪末至公元前5世纪初），名武，字长卿，春秋时代齐国乐安（今山东惠民）县人，是齐国田氏家族的后裔。因其祖父田完攻打莒国立下战功，齐景公赐姓孙。后人尊称为孙子、孙武子。

《孙子兵法》也称《兵策》《吴孙子》《孙子十三篇》，全书5900字，其篇目及主要精神为：1．始计篇（策精于算，先察后谋）；2．作战篇（兵贵神速，速者获利）；3．谋攻篇（以谋制战，不战而胜）；4．军形篇（稳操战机，先胜后战）；5．兵势篇（奇正相生，度势运势）；6．虚实篇（虚虚实实，左右战局）；7．军争篇（以迂为直，以患为利）；8．九变篇（杂于利害，随机应变）；9．行军篇（因地制兵，以势取利）；10．地形篇（兴兵择地，经商问市）；11．九地篇（分析战地，知地取胜）；12．火攻篇（火上添油，趁火打劫）；13．用间篇（善用诸间，收集情报）。这是一部集兵法之大成的军事宝典，是自战国以来最为世人重视和推崇的一本古代兵书，也是世界上现存最早的一部军事理论著作，比克劳塞维茨的《战争论》早2 300年，被日本学者推崇为"兵书圣典""东方兵学的鼻祖"。《孙子兵法》早在1 200年前便由日本遣唐使带回日本，500年前传到朝鲜，200年前传到欧洲，至今已有英、法、俄、德、日等30多种语言的译本流传

认识邮票中的文学与生肖故事

于世界。1991年波斯湾战争中，联军高级参谋人手一册，真是人不分古今，地不论中外，只要有战争，《孙子兵法》就有用处，可谓放之四海而皆准。

对这样一部博大精深的兵书战策，如何在邮票上得到表现，问题颇难。为此，于1994年7月，山东省邮电局及有关部门在临沂召开了专题研讨会，请历史学家、文学家和《孙子兵法》研究专家共同商量，最后，根据军事科学院、孙子兵法研究会的专家吴如嵩、吴九龙的意见，决定选取《孙子兵法》的警句五条，通过5幅相关图案，分别把它们的核心内容即主要精华体现出来。

邮票解析

图5-1【孙子像】选用《孙子兵法》卷首篇"兵者，国之大事，死生之地，存亡之道，不可不察也。"这是孙子对战争认识的基本观点，主张重视战争，研究战争，审慎运用战争手段。

图5-2【吴宫叙战】选用《孙子兵法》"令之以文，齐之以武，是谓必胜"。此句出自《行军篇》："卒未亲附而罚之，则不服，不服则难用也；卒已亲附而罚不行，则不可用也。故令之以文，齐之以武，是谓必胜。"所以，要靠宽仁相待来使士卒亲附合心，要靠军纪军法来统一步调，这样才能得到士卒的敬畏和拥戴。由此可以看出，恩威并举、宽严相济是孙子治军的基本思想。

图5-3【五战入郢】选用《孙子兵法》"知彼知己者，百战不殆"。这句话体现了孙子关于知与战关系的战争认识论思想。

图5-4【艾陵之战】选用《孙子兵法》"兵之形避实而击虚"。此句出自《虚实篇》，体现孙子关于进攻作战要选择攻击时机和目标的思想。作战要想有必胜的把握，必须抓住有利时机，避开敌人坚实之处，攻击薄弱之点。艾陵之战，恰当地体现了孙子这一重要军事思想。

图5-5【黄池会盟】选用《孙子兵法》"不战而屈人之兵，善之善者也"。体现孙子以遏制战争为目的，以非战争手段避免兵燹战祸的战略指导思想。孙子认为军事斗争的最终目的是为了安国保民，任何战争都不可避免地造成军民的伤亡和经济的破坏。黄池会盟又称"北威齐晋"。由于采用孙子的这种战略思想，使得吴国恃强威迫齐、晋诸国在黄池（今河南境内）言和会盟，实现了"不战而屈人之兵"的军事目的。

中国古典文学名著——《水浒传》（第五组）（T）

发行日期：1997.12.22

4-1　　　4-2

4-3　　　4-4

（1997-21）

认识邮票中的文学与生肖故事

55

（1997-21 小型张）

4-1呼延灼月夜赚关胜　　　40分　　　2 674.3万枚

4-2卢俊义活捉史文恭　　　50分　　　3 252.5万枚

4-3燕青智扑擎天柱　　　　50分　　　3 043.96万枚

4-4轰天雷大破官军　　　　150分　　　2 814.3万枚

小型张　梁山英雄排座次　　800分　　　2 224.2万枚

邮票规格：54 mm×40 mm

小型张规格：120 mm×135 mm、其中邮票尺寸：60 mm×90 mm

齿孔度数：11度

整张枚数：28枚

版　　别：影写版

设计者：周峰

印刷厂：北京邮票厂

全套面值：2.90元

小型张面值：8.00元

这套《水浒传》第五组特种邮票，选取该书第64回至80回的几个主要故事情节构图，并以"梁山英雄排座次"结尾，那是"水泊梁山"农民起义一段最为辉煌的岁月。系列邮票没有纳入以后梁山受招安的那场悲剧，这样做，不仅使票图更为完美，而且合人心，顺民意，表现了"除暴安良""替天行道""有压迫，就有反抗"的主题。设计手法和风格与前4套一致，使整个系列票达到完美统一。

邮票解析

图4-1【呼延灼月夜赚关胜】选自《水浒传》第64回"呼延灼月夜赚关胜，宋公明雪天擒索超"。宋江得知卢俊义、石秀被捉后，即统领梁山军马围攻北京城，欲救出二人。两军先后在庚家疃、槐树坡、飞虎峪等地厮杀。为解北京之围，太师蔡京差关胜率一万五千官兵杀奔梁山。曾为朝廷命官，但已归顺梁山的呼延灼按军师吴用之计，假意重新归降朝廷，骗取关胜信任，诱使关胜进入梁山好汉的包围圈而被捉。他又现身说法，陈述利害，终于使关胜上山入伙。邮票描绘了双鞭呼延灼和大刀关胜并辔而行，奔向梁山营寨的情景。

图4-2【卢俊义活捉史文恭】选自《水浒传》第68回"宋公明夜打曾头市，卢俊义活捉史文恭"。卢俊义原是大名府的员外，家产殷厚，武艺高强。后被奸人所害，打入死牢。宋江闻讯，率众好汉将他救出，而上了梁山。适逢梁山好汉段景住、杨林、石勇购来200匹好马，途中被劫往曾头市。晁天王晁盖不久前就是被曾头市用毒箭射死的，其教头就是史文恭。宋江为报此仇，兼解劫马之恨，立即发五路军马攻打曾头市。吴用计败曾氏兄弟，史文恭亦被卢俊义活捉。

图4-3【燕青智扑擎天柱】选自《水浒传》第74回"燕青智扑擎天柱，李逵寿张乔坐衙"。太原相扑任原已连续两年设擂，从未遇到敌手，自以为天下无匹，便自号"擎天柱"，并挂出"拳打南山猛虎，脚踢北海苍龙"的招牌，今年是第三年，恰遇燕青由此经过，便将此牌砸碎，并与任原对阵。燕青心灵机巧，而任原乃一介轻狂武夫，只几个回合，便将任原头朝下、脚朝上，来个"鹁鸽旋"，直撺下台去。

图4-4【轰天雷大破官军】选自《水浒传》第77回至80回。梁山泊英雄排座次后，声威大振，使朝廷大为惊恐，急忙派太尉陈宗善前往梁山招安，被李逵扯碎诏书，陈太尉抱头鼠窜而去。于是，朝廷又派枢密使童贯和太尉高俅率大队人马前去征讨。梁山好汉设下九宫八卦阵，使用十面埋伏计，二赢童贯，三败高俅，大败官军。特别是凌振制造的火炮在战斗中大显神威，真是"炮似轰雷山石裂，绿林深处显戈矛"，使官军几乎全军覆没。

小型张【梁山英雄排座次】选自《水浒传》第71回"忠义堂石碣受天文，梁山泊英雄排座次"。经过多年征战，英雄好汉齐聚水泊梁山，按照名望和武艺，108将排为36天罡和72地煞，对应天上的星宿。英雄好汉"聚哨山林"，在"忠义堂"前竖起"替天行道"的大旗。"八方共域，异姓一家。天地显罡煞之精，人境合杰灵之美。…'相貌语言，南北东西虽各别；心情肝胆，忠诚信义并无差。""号令明，军威肃。""仗义疏财归水泊，报仇雪恨上梁山。"至此，梁山势力已达鼎盛。小型张以梁山水泊为背景，一百单八将齐聚"忠义堂"。画面上，连同小喽罗共116人，活灵活现地展现在一幅图案上，虽然小型张以120×135mm的较大规格，突破了中国国家名片的历史纪录，但这却是自清代桃花坞木版年画做过尝试以后，再无人敢问津的事情。画面人物众多，但个性分明，栩栩如生，色调古朴、凝重，具有历史感，此小型张实为一枚得力的传世之作。

中国古典文学名著——《三国演义》（第五组）（T）

发行日期：1998.8.26

4-1

4-2

4-3

4-4

（1998-18）

中国古典文学名著《三国演义》

（1998-18 小型张）

4-1白帝托孤　　　50分　　　4 232.9万枚

4-2孔明班师　　　50分　　　4 132.9万枚

4-3秋风五丈原　　100分　　　3 588.9万枚

4-4三分归晋　　　150分　　　3 221.9万枚

小型张　空城计　　800分　　　3 180.7万枚

邮票规格：（1、3图）54 mm×40 mm；（2、4图）40 mm×54 mm

小型张规格：182 mm×65 mm，其中邮票尺寸：162 mm×40 mm

齿孔度数：11度

整张枚数：20枚

版　别：影写版

设计者：戴宏海

印刷厂：北京邮票厂

全套面值：3.50元

小型张面值：8.00元

知识百花园

　　这套邮票是根据《三国演义》设计的系列特种邮票第五组，即最后一组。内容选自该书第85回至120回之间的故事。反映的大部分是蜀汉的悲剧。

图4-1【白帝托孤】选自第85回"刘先主遗诏托孤儿，诸葛亮安居平五路"。邮票画面致力于表现出刘备和诸葛亮的悲痛，以及诸葛亮为报"知遇之恩""知其不可为而为之"，深为蜀国命运担忧的心情。刘备的两个儿子和宫女的情态，都衬托了这种气氛。

图4-2【孔明班师】选自第91回"祭泸水孔明班师，伐中原武侯上表。"邮票画面描绘了被诸葛亮宽容仁爱所感化的孟获，率部下为蜀汉大军送行的场面，突出了"涕泣拜别"，使诸葛亮的形象更加高大。孟获的"肉袒"，显示出南蛮王的降服和坦诚。

图4-3【秋风五丈原】选自第104回"陨大星汉丞相归天，见木像魏都督丧胆"。邮票画面上秋风横扫落叶，重病中的诸葛亮犹如一座雕像，正是他在三国后期以独木支撑着蜀汉这将倾的大厦，安居平五路，六出祁山，七擒孟获，耗尽了他所有的心血。此刻，他怀着无可奈何的伤感，结束了他悲壮的戎马生涯，并由此而获得了全军将士的钦敬。大家都怀着沉痛的心情，向丞相敬礼告别。

图4-4【三分归晋】选自第120回"荐杜预老将献新谋，降孙皓三分归一统"。邮票画面以象征手法，描绘了魏、蜀、吴三个失败皇帝，向头戴冠冕、身着衮服的晋朝开国皇帝司马炎俯首称臣的场面。背景简洁，对比强烈，使人一目了然：三国，结束了。

小型张【空城计】选自第95回"马谡拒谏失街亭，武侯弹琴退仲达"。司马懿攻克街亭后，引军15万，望西城县蜂拥而来。孔明身边别无大将，只有一班文官及2 500军士在城中。孔明遂命大开四门，每门20个军士，扮成百姓，洒扫街道。自己则披鹤氅、戴纶巾，带两个小童于城楼上焚香抚琴。司马懿率军来到城下，见孔明端坐其上，笑容可掬，从容弹奏，且无一丝杂音，即疑心中计，遂带兵速退。"瑶琴三尺胜雄师，诸葛西城退敌时。"孔明退回汉中后，司马懿才从山民口中得知真相，仰天叹道："吾不如孔明也！"小型张画面描绘了司马懿兵临城下，诸葛亮从容焚香抚琴的场面。表现了马谡失街亭后，孔明以超人的胆识和才智，挽狂澜于既倒的情节。"空城计"的成功，是双方主帅"棋逢对手"。诸葛亮知己知彼，偶然弄险，终使多疑的司马懿上了当。

木兰从军 （T）

发行日期：2000.4.30

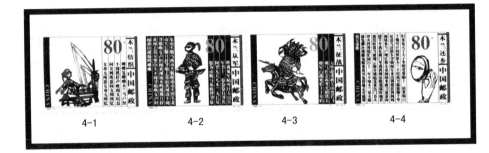

（2000-6）

4-1 木兰纺织　　80分　　1 875.20万枚

4-2 木兰从军　　80分　　1 875.20万枚

4-3 木兰征战　　80分　　1 875.20万枚

4-4 木兰还乡　　80分　　1 875.20万枚

邮票规格：50 mm × 38 mm

齿孔度数：12.5度

整张枚数：16枚（横4枚连印）

版　　别：胶版

设计者：郭承辉、黄里

印刷厂：北京邮票厂

全套面值：3.20元

木兰代父从军的故事，见于我国北朝时期长篇叙事民歌《木兰诗》。诗中叙述木兰本是一个勤劳织布的普通姑娘，但当战争到来时，竟毅然自告奋勇，女扮男装，承担起当时一般女性不能承担的从军的任务。万里长征，十年转战，功成名就，凯旋归来，木兰辞官不受，脱下战时服，着起女儿装，同行十年的伙伴才认出功勋卓著的壮士原来是个女郎。木兰这个勇敢、纯洁、坚毅的民家女的美好形象，赢得了历代人民由衷的喜爱。

邮票解析

图4-1【木兰纺织】唧唧复唧唧，木兰当户织。不闻机杼声，惟闻女叹息。问女何所思，问女何所忆。女亦无所思，女亦无所忆。昨夜见军帖，可汗大点兵。军书十二卷，卷卷有爷名。阿爷无大儿，木兰无长兄。愿为市鞍马，从此替爷征。

邮票画面描绘了木兰停下手中织机，对窗思考替父从军的情景。

图4-2【木兰从军】东市买骏马，西市买鞍鞯，南市买辔头，北市买长鞭。旦辞爷娘去，暮宿黄河边。不闻爷娘唤女声，但闻黄河流水鸣溅溅。旦辞黄河去，暮至黑山头。不闻爷娘唤女声，但闻燕山胡骑鸣啾啾。

邮票画面描绘了木兰女扮男装，穿上军装，代父出征的情景。

图4-3【木兰征战】万里赴戎机，关山度若飞。朔气传金柝，寒光照铁衣。将军百战死，壮士十年归。归来见天子，天子坐明堂。策勋十二转，赏赐百千强。可汗问所欲，木兰不用尚书郎。愿驰千里足，送儿还故乡。

邮票画面描绘了木兰驰骋疆场，勇猛拼杀的情景。

图4-4【木兰还乡】爷娘闻女来，出郭相扶将。阿姊闻妹来，当户理红妆。小弟闻姊来，磨刀霍霍向猪羊。开我东阁门，坐我西阁床。脱我战时袍，着我旧时裳。当窗理云鬓，对镜贴花黄。出门看伙伴，火伴皆惊慌。"同行十二载，不知木兰是女郎。"雄兔脚扑朔，雌兔眼迷离。双兔傍地走，安能辨我是雄雌。

邮票画面描绘了木兰回到家中，脱下戎装，对镜梳妆的情景。

《聊斋志异》（第一组）（T）

发行日期：2001.4.21

4-1　　　　4-2　　　　4-3　　　　4-4

（2001-7）

4-1婴宁	60分	2 500万枚
4-2阿宝	80分	2 500万枚
4-3画皮	80分	2 500万枚
4-4偷桃	2.80元	1 700万枚
小型张　崂山道士	8元	1 500万枚

邮票规格：38 mm×50 mm

小型张规格：144 mm×85 mm；其中邮票规格：90 mm×60 mm

齿孔度数：12度

整张枚数：24枚

版　　别：影写版

设计者：陈全胜

印刷厂：北京邮票厂

（2001-7 小型张）

全套面值：5.00元

小型张面值：8.00元

知识百花园

《聊斋志异》是蒲松龄以数十年时间写成的短篇小说集，全书共有十二卷496个故事。内容博大精深、思想多元意蕴，是一部中国文学的百科全书。蒲松龄的故居在山东淄博市淄川区洪山镇蒲家庄，是一座幽静古朴的庭院，坐北朝南，院落前后四进，西有侧院，门楣上悬挂着郭沫若题写的匾额"蒲松龄故居"。

邮票解析

图4-1【婴宁】为一经典的狐仙故事。描述莒县秀才王子服在上元节出游时，遇一美丽女子婴宁，归后因相思而病，其表兄怕王因痴而亡，哄说女子家住三十里外的山中。王欣然去找，果然找到女子一家。王与婴宁结婚后，种花嬉笑，甚是和美。二人为报答婴宁生母及养母的养育之恩，将她们迁坟合葬。后王与婴宁生一子，并与婴宁一样爱笑。故事一扫古代女子行不露足、笑不露齿的陈规陋习，塑造了一个天真烂漫、敢说敢笑的女子形象。

图4-2【阿宝】为一人世间怪诞故事。描述粤西贫穷书生孙子楚老实少语，生有枝指（六指）。富翁之女阿宝天生绝色，有人取笑孙，让他向阿宝求婚，孙竟然照别人所说的去做，请媒婆提亲。富翁嫌其贫，阿宝则对媒婆说，若孙去掉枝指则嫁给他。孙断其指，但并未得阿宝喜欢。清明节时孙子楚见到阿宝后，更是为其美

貌所动，失魂落魄常做梦与阿宝同玩同栖，并能说出阿宝房内摆设。阿宝感动，也做同样的梦。后孙子楚变为鹦鹉飞入阿宝住处，唯阿宝喂食才吃。阿宝感动不已，说你已变成鸟，若能复变成人便嫁。鹦鹉衔阿宝绣鞋回家，顿时病愈，有情人终成眷属。小说塑造了一对青年男女生死不渝的爱情故事，他们以自己特有的方式，大胆地表达了对爱情的追求与向往。

图4-3【画皮】为一耳熟能详的恶鬼传说。描述的是王生在路上遇一美女，便带回家中同居。后经道士指点，才知道此女是一狰狞恶鬼，美丽的外表只是一张画皮。但王生不听道士的劝告，后被此鬼吃心而死。王生的妻子陈氏，经道士暗示，向一疯子求救，疯子让陈氏吞下其所咯浓痰。陈氏吞下后呕吐，吐出的竟是王生的心脏，王生因而得以复生。故事告诉人们要识别真伪忠奸，不要为外表所迷惑，借以警醒世人。

图4-4【偷桃】为一典型的社会传奇故事。描述作者少时赶考恰遇"演春"，四位红袍官员坐于公堂观看。有父子俩挑担上堂说是变戏法的，官员让他们表演"取桃子"。其父便脱衣复笥（笥为盛饭或盛衣物的方形竹器），故意抱一怨天寒无桃，只好到王母娘娘的园内去偷。随后他们拿出长绳抛向空中，绳子竖空，渺入云中，父亲说身老不敏，只能让儿子上去；儿子说万一绳断则粉身碎骨；父亲说若取得桃子可得百金重赏，能给儿子买个媳妇，儿子便顺绳而上并渐入云霄。许久空中掉下一碗大桃子。忽然绳落，观者皆惊，接着那儿子的头颅、腿脚便一件件掉下来。其父悲泣：我儿没命了。于是将其子肢体一一拾置笥中而阖。官员吓呆，赐其不少银两。父亲击笥说：我儿出来谢赏！其子头顶笥盖而出，并向官员磕头。小说刻画了古代魔术艺人演技之高超，生活之艰辛。

小型张【崂山道士】为一极富教育意义且家喻户晓的故事。描述淄川世家子弟王生，少时喜欢学道，他听说崂山多神仙，特往寻访。来到山中，拜一气度非凡的白发道士为师。砍柴月余也不见师父授艺，便受苦思归。一晚砍柴归来，见师父陪客饮酒，并剪一白纸如镜贴于墙壁，顷刻镜如明月；壶中也有倒不完的酒，又扔筷于月中，变成嫦娥起舞助兴；道士忽又邀客于广寒宫饮酒。宴毕，纸圆如镜，王生因此打消回家之念。又一月后，实在难熬，便求道士授艺。道士授其以穿壁过墙之术，并告诫他要洁心自持，否则不灵。王生回到家中，即向其妻夸耀说遇仙得通，坚壁无阻。其妻不信，王生即做，谁知头上被碰个大肿包。故事讽刺和鞭挞了那些坐享其成者，不愿付出艰苦劳动，到头来必定会碰得头破血流。

民间传说——许仙与
白娘子（T）

发行日期：2001.12.5

（2001-26）

4-1游湖借伞	80分	3 000万枚
4-2仙山盗草	80分	1 700万枚
4-3水漫金山	80分	1 700万枚
4-4断桥相会	2.80元	1 700万枚

邮票规格：30 mm×40 mm

齿孔度数：12度

整张枚数：20枚

版　别：影写版

设计者：戴敦邦

印刷厂：北京邮票厂

全套面值：5.20元

知识百花园

许仙与白娘子是《白蛇传》中的人物，《白蛇传》是一个具有浓郁神话色彩的爱情故事，为我国民间四大传说之一。这套特种邮票，选取了《白蛇传》中游湖借伞、仙山盗草、水漫金山、断桥相会四段典型故事情节为图案，向人们讲述了这个优美动人的民间传奇故事。

邮票解析

图4-1【游湖借伞】传说八仙之一的吕洞宾，在西湖断桥边卖汤圆，当时还是幼年的许仙买了一粒实为仙丸的汤圆吃了，结果三天三夜不想吃东西，急忙跑去找吕洞宾。吕将许仙抱上断桥，倒拎双脚，汤圆吐出来掉进西湖，被正在湖中修炼的白蛇吞下，长了五百年的功力，白蛇就此与许仙结了缘。十八年后的清明，白蛇思凡下山，化身为白娘子。她同小青来到杭州西湖，为避风雨，搭上许仙渡船，舟上一见钟情，临别许仙将雨伞借给她们，在取伞时，经小青从中说合，两人结为夫妻。

图4-2【仙山盗草】成亲后，他们迁往镇江经营药店，法海以白娘子和小青为妖，数次破坏许仙与白娘子的关系。许仙听信法海之言，于端午节用雄黄酒灌醉白娘子使之显出原形，自己被惊吓致死。为救心爱的夫君，白娘子冒着生命危险去峨眉山盗回仙草，救活许仙。

图4-3【水漫金山】重生的许仙受法海蛊惑，到金山寺进香，被强留寺内。白娘子携小青寻至，恳求法海放许回家，法海不允。白娘子忍无可忍，聚集水族，水漫金山，法海亦召天将应战，白娘子因身怀有孕，体力不支而败。

图4-4【断桥相会】不甘心失败的法海借佛法将白娘子镇于雷峰塔下，拆散许仙与白娘子。小青得以逃脱，修炼有成，再回金山，打败法海，推倒雷峰塔，救出白娘子，法海无处可逃，身穿黄色僧衣遁入蟹腹。后许仙夫妇终于团圆，而法海却只能留在蟹腹中，现螃蟹肚中的黄色蟹膏即是法海所变。

中国古典文学名著——《聊斋志异》（第二组）（T）

发行日期：2002.4.21

（2002-7）

4-1席方平	60分	1 390万枚
4-2翩翩	80分	1 390万枚
4-3四七郎	80分	1 350万枚
4-4白秋练	2.80元	1 350万枚

邮票规格：38 mm×50 mm

齿孔度数：11.5度

整张枚数：22枚

版　别：影写版

认识邮票中的文学与生肖故事

设计者：陈全胜

印刷厂：北京邮票厂

全套面值：5.00元

知识百花园

该邮票一套4枚，构图古朴秀润，且真景毕而神境生。鬼蜮的奸佞与人间的忠义，仙界的爱心和人世的薄情，贯穿于故事之间。

邮票解析

图4-1【席方平】讲述的是一个虽然历经苦难但终于战胜阴阳二界的黑暗，并使正义得到伸张的故事。揭露了官府豪绅对于人民的血腥统治和残酷压迫，痛快淋漓地咒骂了贪官污吏。

图4-2【翩翩】讲述的是一个人仙相恋的故事。塑造了追求幸福美好生活，强烈反对封建礼教、具有鲜明个性的青年男女形象。

图4-3【田七郎】讲述的是一个仗义交友、知恩图报、敢作敢为的故事。歌颂了劳动人民高尚的道德情操。

图4-4【白秋练】讲述的是一个人与鱼相恋的故事。表达了对人间坚贞、纯洁的爱情及为了这种爱情而努力抗争的底层妇女、书生的赞美。

民间传说——董永与
七仙女（T）

发行日期：2002.10.26

| 5-1 | 5-2 | 5-3 | 5-4 | 5-5 |

（2002-23）

5-1孝心感天　　　80分　　　1180万枚

5-2下凡结缘　　　80分　　　1180万枚

5-3织锦赎身　　　80分　　　1180万枚

5-4满工还家　　　80分　　　1180万枚

5-5天地同心　　　2元　　　1180万枚

邮票规格：30 mm×40 mm

齿孔度数：13×13.5度

整张枚数：20枚（横5枚连印）

版　别：影写版

认识邮票中的文学与生肖故事

设计者：俞宏理

印刷厂：北京邮票厂

全套面值：5.20元

知识百花园

董永与七仙女这一优美的民间传说已经在中华大地上流传了两千多年，传说所宣扬的道德情操已经深深地渗透在中国人的血脉里，成为东方人真诚、纯洁、善良的人性特征，成为中华古文明的一部分。

邮票解析

图5-1【孝心感天】表现了家贫、父死的董永卖身佣工贷钱葬其父后，独身上路偿工还债，感动了七仙女降下凡间。

图5-2【下凡结缘】表现了七仙女以民间女子的装扮，在槐树下与董永相遇。仙女同情董永的遭遇，怜惜董永的孝心，爱慕董永的诚实，以槐树为媒，二人在路上结为夫妻。

图5-3【织锦赎身】表现了七仙女一月内织成彩锦三百匹。

图5-4【满工还家】表现了三月满工后，七仙女与董永夫妻双双把家还。

图5-5【天地同心】表现了二人行至槐树下，七仙女含泪告诉董永，自己原是天上仙女，下凡与其结为妻相助还债。如今百日到期，必须返回天宫。说罢，七仙女恢复原来的装扮，足生祥云，冉冉而起。董永欲留无计，仰天大哭。

中国古典文学名著——聊斋志异（三）（T）

发行日期：2003.5.16

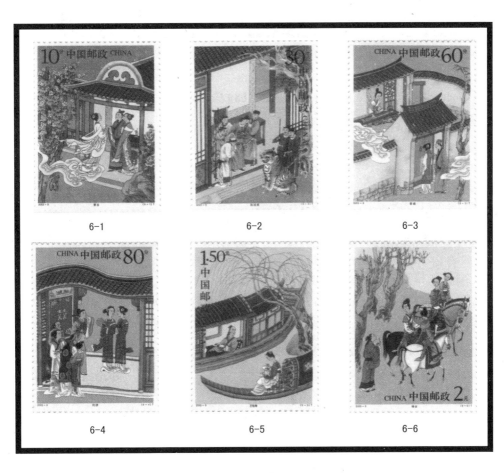

6-1 6-2 6-3

6-4 6-5 6-6

（2003-9）

认识邮票中的文学与生肖故事

73

（2003-9 小型张）

6-1香玉	10分	880万枚
6-2赵城虎	30分	880万枚
6-3宦娘	60分	920万枚
6-4阿绣	80分	920万枚
6-5王桂庵	1.50元	880万枚
6-6神女	2.00元	880万枚
小型张　西湖主	8.00元	820万枚

邮票规格：38 mm×50 mm

小型张规格：144 mm×85 mm，小型张邮票规格：90 mm×60 mm

齿孔度数：12度

整张枚数：20枚(版式1)，8枚(版式2)

小型张枚数：1枚

版　别：影写版

设计者：陈全胜

印刷厂：北京邮票厂

全套面值：5.30元

小型张面值：8.00元

在《聊斋志异》这部书中，蒲松龄用典雅博奥的语言，话狐道鬼，述怪志异，赞美真挚的爱情，鞭挞浅薄的世俗，抨击贪官污吏，反映人民愿望。全书共有400多个故事，构思巧妙，语言生动，文笔精炼，受到中外学者的推崇。

邮票解析

图6-1【香玉】讲述书生黄生与美丽的白牡丹精香玉相亲相爱情感至深，感动花神，并获得了幸福的结局。

图6-2【赵城虎】讲述赵城一老妇，儿子为虎所食。虎自愿受捕，并代子照顾老妇的故事。

图6-3【宦娘】讲述鬼女宦娘酷爱琴筝，偶然听到温如春的雅奏，对其十分爱慕。但她自知不能同其结为夫妻。便尽力撮合温如春与女子良工的婚事，温如春深受感动并向她传授琴技。

图6-4【阿绣】讲述刘子固在杂货店遇见阿绣，一见钟情。后阿绣不知所踪。在一容貌很像阿绣的狐女的帮助下，刘子固又见到了阿绣，两人结为夫妻，狐女亦常来帮助他们理家。

图6-5【王桂庵】故事描述世家子弟王桂庵到江南游历，遇一美丽的船家女子并对她一见钟情，相思成梦。一年后，果真在梦见过的地方找到那位叫芸娘的女子，有情人终成眷属。但因一句戏言，芸娘愤而投江。追悔莫及的王桂庵后又找到了投江未死的芸娘，夫妻终得团聚。

图6-6【神女】讲述米生因官司荡尽家产，幸遇神女相救，赠以珠花和银两，助其摆脱了困境。后米生功成名就，成为通宦之家。神女之父遇祸，米生相助，二人结为夫妻。米生死后，神女亦随之而殁，并合葬一棺。

小型张【西湖主】讲述陈弼教误入一后花园，捡到公主的红巾并题诗其上。被发现后，陈认为必死无疑，不料公主看到诗后却心生爱意。但此事又被王妃得知，命人捉拿。王妃见到陈后认出是自己的救命恩人。原来王妃是被陈一年前所救的猪婆龙所化。王妃设宴盛情款待，并将公主许配给他。

民间传说——梁山伯与祝英台（T）

发行日期：2003.10.18

| 5-1 | 5-2 | 5-3 | 5-4 | 5-5 |

（2003-20）

5-1草桥结拜	80分	1 110万枚
5-2三载同窗	80分	1 110万枚
5-3十八相送	80分	1 120万枚
5-4楼台伤别	80分	1 110万枚
5-5化蝶双飞	2.00元	1 202万枚

邮票规格：30 mm × 40 mm

齿孔度数：12度

整张枚数：20枚(版式1)，10枚(版式2)

版　别：影写版

设计者：高云

印刷厂：北京邮票厂

全套面值：5.20元

这套邮票是"民间传说"系列邮票的第三组。梁山伯与祝英台为中国四大民间传说之一。"梁祝传说"滥觞于晋，定型于宋，完整于明，迄今已有约1600年的历史。梁山伯与祝英台矢志不渝的爱情传说故事，凄婉悲怆，在海内外流传甚广，被誉为"东方的罗密欧与朱丽叶"。

邮票解析

图5-1【草桥结拜】会稽府祝家庄祝员外的女儿祝英台，天资聪慧，积极进取。一天，她凭窗眺望，看见路上有书生来往，于是产生了去钱塘求学的愿望。祝员外见女儿求学心切，也就勉强答应了。春暖花开的时候，祝英台女扮男装，在侍女银心的陪同下，踏上求学的行程。在路上遇上了去钱塘求学的书生梁山伯，二人一见如故，相见恨晚，于是在草桥亭上撮土为香，结为兄弟。

图5-2【三载同窗】梁山伯与祝英台在钱塘万松书院同窗共读三年，互相帮助，同食同寝，如影随形，情深似海。梁山伯是个书呆子，同窗三年却不知道祝英台是女儿身，倒是同班的马文才经常起疑心。

图5-3【十八相送】三年学成，弹指一挥间，祝员外催女儿回家。临行前，祝英台向师母倾诉衷肠，请师母玉成此事。分别前，梁祝二人依依不舍。在十八里相送途中，祝英台用"你我好比牛郎织女渡鹊桥""青青荷叶清水塘，鸳鸯成对又成双"等借物寓意，暗示爱情，但梁山伯始终不解其意。祝英台没有办法，便说家中有九妹品貌与自己一样，愿替梁山伯作媒，梁山伯便答应下来。

图5-4【楼台伤别】梁山伯从师母那里知道了祝英台是女子后，非常高兴，立即起程去祝家求婚。但是祝员外已将英台许给太守之子马文才。梁祝楼台相会，互诉爱慕之情，回忆草桥结拜，同窗共读，十八相送的美好时光。但是如今二人不能在一起，真是柔肠寸断恨无休。分别时，两人相约："生前不能同寝，死后也要同穴"。

图5-5【化蝶双飞】梁山伯回家后忧郁成疾，没过多久便离开了人世。祝英台知道后，悲痛不已，决心以身殉情。在与马文才成亲那天，花轿路过梁山伯墓前时，祝英台下轿扶碑痛哭。突然狂风大作，一声炸雷，坟墓裂开了，祝英台翩然跃入坟中，墓复合拢，顿时云开日朗，彩虹高悬，梁祝化为一对蝴蝶，飞舞在花丛中。

民间传说——柳毅传书（T）

发行日期：2004.7.17

（2004-14）

4-1龙女托书	80分	1 100万枚
4-2传书洞庭	80分	1 080万枚
4-3骨肉团聚	80分	1 080万枚
4-4义重情深	2.00元	1 020万枚

邮票规格：30 mm×40 mm

齿孔度数：13度

整张枚数：8枚

版　别：影写版

设计者：徐永生

印刷厂：北京邮票厂

全套面值：4.40元

知识百花园

柳毅传书的故事见于唐初传奇小说。洞庭龙君的女儿，远嫁给泾川龙君的次子，丈夫虐妻成性，将她赶出龙宫，放牧羊群。龙女求助无门，掩面哭啼。正直勤劳的书生柳毅从长安应考落选归来，路遇此事，见义勇为慨然代龙女前往龙宫向洞庭君传书报讯，龙女得以被救回龙宫与家人团聚。龙女感谢柳毅大恩，心生爱慕，龙王也想将女儿嫁给柳毅。但柳毅传书是仗义执言，本无私念，就拒绝了婚事。柳毅回家后，先后娶了两位夫人都不幸死去。后与一渔家女成婚，貌似龙女。后发现此女就是托书的龙女。此后，夫妻相敬如宾，白头偕老。该小说自唐以来，即为戏剧、曲艺等艺术样式反复表现的题材，家喻户晓。

邮票解析

图4-1【龙女托书】湘乡书生柳毅，到京城参加科举考试落榜。返乡的时候，他取道泾阳想与在那里的朋友话别。途中他经过一处荒郊，看见一位姑娘在放羊。这姑娘虽美丽，但衣服破旧，神情憔悴。柳毅觉得她可怜，便上前询问，原来姑娘是洞庭湖龙王的爱女，她遵从父母的安排，远嫁泾川，做了泾河龙王的儿媳。然而丈夫对她薄情寡义，百般虐待，龙女不断诉求抗争，但公婆偏袒儿子，将她放逐荒郊放羊。龙女哭诉无门，请求柳毅帮她送书信

到洞庭龙宫，柳毅同情龙女遭遇，当下慨然允诺。

图4-2【传书洞庭】柳毅怀揣书信，兼程赶到洞庭湖畔。他按龙女的指点，来到龙宫，并将龙女书信亲手交给洞庭龙王，并述说了龙女的不幸遭遇。

图4-3【骨肉团聚】龙王得知女儿受难，非常伤痛。其弟钱塘君一听说侄女在夫家遭受欺负，立即率虾兵蟹将，前去征战营救，诛杀了泾河逆龙。救出龙女，使骨肉得以团聚。

图4-4【义重情深】获救的龙女深深爱上了柳毅，龙王一家也想玉成此事。但柳毅已有家室，他不为财色所动，婉言拒绝，告辞而去。在柳毅妻子死后，龙女化作民妇，终与他结为夫妻。两人心心相印，过着恩爱美满的生活。

神话——八仙过海（T）

发行日期：2004.7.30

（2004-15 小型张）

小型张　神话——八仙过海　　6.00元　　　930万枚

小型张规格：156 mm×82 mm；邮票规格：110 mm×60 mm

齿孔度数：12度

版　别：影写版

张设计者：王虎鸣

印刷厂：北京邮票厂

全套面值：6.00元

八仙过海，道教掌故之一。"八仙"是指铁拐李、汉钟离、蓝采和、张果老、何仙姑、吕洞宾、韩相子、曹国舅，传说中，八仙各有不同的法器。八仙过海的故事见于《东游记》。一次，八仙在山东蓬莱阁聚会饮酒，酒至酣时，提议乘兴到海上一游，并言定各凭道法渡海，不得乘舟。汉钟离躺在扇子上，何仙姑伫立荷花上，其他各仙也纷纷借助宝物大显神通，游向东海。八仙的举动惊动了龙宫，东海龙王率虾兵蟹将出海观望，言语间与八仙发生冲突并将蓝采和擒入龙宫。八仙大怒，各展神通，上前厮杀，腰斩两个龙子，虾兵蟹将抵挡不住，纷纷败下海去。东海龙王请来南、北、西三海龙王，合力翻动五湖四海，掀起狂涛巨浪，杀奔众仙而来。此时，曹国舅怀抱玉板头前开路，狂涛巨浪向两边退避，众仙紧随在后，安然无恙。恰好南海观音菩萨经过，喝住双方并出面调停，直至东海龙王释放蓝采和，双方罢战。八仙拜别观音，各持宝物，兴波逐浪邀游而去。后人用"八仙过海，各显神通"来比喻依靠自己的特长而创造奇迹的事。

这枚小型张形象逼真地再现了人们所熟悉的"八仙过海，各显其能"的神话故事。人物飘逸，足见仙风道骨；沧海横流，方显英雄本色。

唐诗三百首 (T)

发行日期：2009.9.13

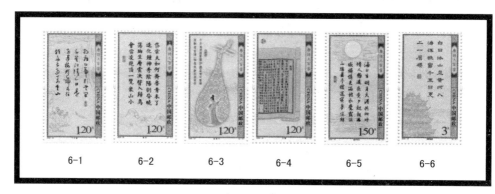

6-1　　　　6-2　　　　6-3　　　　6-4　　　　6-5　　　　6-6

（2009-20）

6-1李白《下江陵》	1.20元	1 299.97万枚
6-2杜甫《望岳》	1.20元	1 299.97万枚
6-3白居易《琵琶行》	1.20元	1 299.97万枚
6-4李商隐《无题》	1.20元	1 299.97万枚
6-5张九龄《望月怀远》	1.50元	1 299.97万枚
6-6王之涣《登鹳雀楼》	3元	1 299.97万枚

邮票规格：28 mm × 50 mm

齿孔度数：13×13.5度

整张枚数：6枚（1套）

版　别：胶雕、丝印混合版

设计者：王虎鸣

印刷厂：河南省邮电印刷厂

全套枚数：6枚

全套面值：9.30元

中国是诗的国度，唐朝是中国诗歌的巅峰，诗歌是当时文学的最高代表，成为中国传统文学的重要组成部分。唐诗对中国文学的影响极为深远。众多选本中以《唐诗三百首》流传最广、影响最大，风行海内，老幼皆宜，雅俗共赏，成为屡印不止的最经典的选本之一，成为儿童最成功的启蒙教材、了解中国文化的模范读本。《唐诗三百首》由蘅塘退士（孙洙，1711-1778）编选，成书于清乾隆二十九年（1765）。选诗标准是"因专就唐诗中脍炙人口之作，择其尤要者"，收录了有代表性的313首唐诗，包含古诗、乐府、绝句、律诗等。

邮票解析

该套邮票为庆祝中华人民共和国成立60周年而发行，采用一套票一版张的形式，邮票版张采用竖构图，以中国传统古画"雪景寒林图轴"作为边饰，版张的中心位置以"下江陵""望岳""琵琶行""无题""望月怀远""登鹳雀楼"六首诗歌作为邮票内容。周边环以《唐诗三百首》的微缩文字。在设计上将诗、书、画、印有机结合，在印制工艺上完全打破了常规，实现了"可视、可听、可闻、可触"的多媒体、多感官的效果。"可视"是邮票从不同角度欣赏都具有透明或金光幻彩的效果；"可触"是采用凹凸工艺，触摸票面即可感受到文字的存在；"可闻"是在邮票和边饰中加入檀香油墨；"可听"是印制中使用了数码发音技术，通过多媒体点读笔点击版票相应区域，首首唐诗朗朗入耳。313首诗篇，25 000余字尽在一版邮票之内，成功实现了"一版票，一本书"的创意。为集邮者带来了极大的文学、艺术和集邮的享受。

认识邮票中的文学与生肖故事

成语典故（T）

发行日期：2010.4.18

4-1　　　　　　4-2　　　　　　4-3　　　　　　4-4

（2010-9）

4-1愚公移山	1.20元
4-2卧薪尝胆	1.20元
4-3毛遂自荐	1.20元
4-4闻鸡起舞	1.20元

邮票规格：30 mm×40 mm

齿孔度数：13.5度

整张枚数：16枚

版　　别：影写版

设计者：徐乐乐

印刷厂：北京邮票厂

全套枚数：4枚

全套面值：4.80元

知识百花园

成语是汉语独有的语言现象，是人们在长期的语言实践中提炼而成的，与其他语言形式相比，具有结构稳定、相对独立等特点，其内容凝练、精辟，富有很强的哲理性，充分体现了中华民族的聪明智慧，是中华民族语言艺术的精华和文化的瑰宝。

邮票解析

图4-1【愚公移山】 北山愚公，面太行、王屋两山而居，出入不便，率领子孙们挖山不止，坚信终能将山挖平。天地为之感动，命二神分别把山背走。愚公的愿望实现。喻做事不怕困难，有恒心有毅力，坚持不懈。

图4-2【卧薪尝胆】 春秋时，越王勾践战败，为吴所虏，回国后忍辱负重，以柴草为床，每食尝苦胆。后终灭吴。喻刻苦自励、志图恢复。

图4-3【毛遂自荐】 战国时，秦围赵都。赵国使臣平原君求救于楚，门客毛遂自荐随往，关键时刻按剑上前，陈述利害，终使楚王同意连赵抗秦。喻自告奋勇、自我推荐。

图4-4【闻鸡起舞】 东晋时，祖荻立志为国效力。与司空刘琨互相勉励，半夜听到鸡啼就起床舞剑，刻苦练武，终成一代名将。喻有志之士自强不息奋发有为。

民间传说——牛郎织女（T）

发行日期：2010.8.16

（2010-20）

4-1盗衣结缘	1.20元
4-2男耕女织	1.20元
4-3担子追妻	1.20元
4-4鹊桥相会	1.20元

邮票规格：30 mm × 40 mm

小本票规格：105 mm × 100 mm

齿孔度数：13.5度

整张枚数：20枚

版　别：影写版

设计者：李昕

印刷厂：北京邮票厂

全套枚数：4枚

全套面值：4.80元

小本票设计者：李昕

小本票售价：8.00元

牛郎织女的传说，是千古流传的美丽爱情故事，也是我国最著名的民间传说之一。它的源头，从《诗经·小雅·大东》中可以看到，如"跂彼织女""皖彼牵牛"等。《古诗十九首》中《迢迢牵牛星》就是关于它的歌咏。南北朝时期的《荆楚岁时记》里记载："天河之东，有织女，天帝之子也。年年织杼役，织成云锦天衣。天帝怜其独处，许嫁河西牵牛郎。嫁后遂废织纴。天帝怒，责令归河东。唯每年七月七日夜，渡河一会。"每年七夕牛郎织女渡河相会的那一夜，妇女们都穿针乞巧，又以瓜果祀织女星。这个故事也常被用做戏剧的资料，京剧、话剧等各地的地方戏里都有这出戏。国家曾将"七夕节"列入第一批国家级非物质文化遗产名录。2008年，山西省晋中市和顺县和山东省淄博市沂源县申报的牛郎织女传说被列为国家级非物质文化遗产。

邮票解析

图4-1【盗衣结缘】织女是天上的仙女，在天上织云彩。牛郎是人间的一个看牛郎，受哥嫂的虐待。有一天，老牛告诉他，织女要和别的仙女到银河洗澡，只要把织女的红色仙衣偷走，在织女找的时候还给她，并要求和她结婚，她就一定会答应，牛郎就照老牛说的做了。

图4-2【男耕女织】牛郎织女结婚以后，男耕女织，相亲相爱，日子过得非常美满幸福。不久，他们生下了一儿一女，非常可爱。

图4-3【担子追妻】王母娘娘知道织女的事后，非常生气，便把织女抓回去。老牛又告诉牛郎，让他把它的皮披在身上，追到天上去。牛郎把牛皮披在身上，担着两个孩子，追到了天上。眼看就要追上了，王母娘娘拔下头上的发簪，在织女后面一划，便形成一道天河，把这对恩爱夫妻隔开了。

图4-4【鹊桥相会】牛郎织女天天隔河相望啼泣，最后终于感动了王母娘娘，于是答应他们每年七月七日相会一次，相会时，喜鹊为他们搭桥。

庚申年

1-1

（T.46）

1-1猴　　8分　　500万枚

邮票规格：26 mm × 31 mm

齿孔度数：11.5度

整张枚数：80枚

版　　别：影雕版

设计者：邵柏林

雕刻者：姜伟杰

印刷厂：北京邮票厂

全套面值：0.08元

知识百花园

我国的传统历法叫夏历，也叫农历或阴历，采用"干支"纪年。

干支是天干地支的简称。我国古代有以天为主（干），以地为从（支）的说法。天干包括10个字，即甲、乙、丙、丁、戊、己、庚、辛、壬、癸；地支包括12个字，即子、丑、寅、卯、辰、巳、午、未、申、酉、戌、亥。

把这十干和十二支两两循环匹配，其顺序为：甲子、乙丑、丙寅、丁卯、戊辰、己巳、庚午、辛未、壬申、癸酉、甲戌、乙亥、丙子、丁丑、戊寅、己卯、庚辰、辛巳、壬午、癸未、甲申、乙酉、丙戌、丁亥、戊子、己丑、庚寅、辛卯、壬辰、癸巳、甲午、乙未、丙申、丁酉、戊戌、己亥、庚子、辛丑、壬寅、癸卯、甲辰、乙巳、丙午、丁未、戊申、己酉、庚戌、辛亥、壬子、癸丑、甲寅、乙卯、丙辰、丁巳、戊午、己未、庚申、辛酉、壬戌、癸亥。

这样周而复始，每60年重复一次，每次都是从甲子年开始，所以人活到60岁，叫作一花甲。

根据西汉司马迁的《史记·十二诸侯年表》记载，干支纪年是从西周共和元年（公元前841年）开始的，一直沿用至今，没有间断过。

属相是用干支中的12支去对应12种动物，具体为：子鼠、丑牛、寅虎、卯兔、辰龙、巳蛇、午马、未羊、申猴、酉鸡、戌狗、亥猪，如公元1980年农历为庚申年，即猴年，凡这一年出生的人都属猴。12年为一个周期，循环不已。

世界历史采用公元纪年法。中国历史，特别是鸦片战争以后，多用干支年表示某些重大历史事件，如甲午战争、戊戌变法、辛亥革命等。

干支年与公元年的相互换算，需记住两句口诀："个数4，天干甲；余数4，地支子。"即一个公元年代，它的个位数如果是4，就是甲；如果是5，就是乙，以此类推下去，10天干与10个数字相对应为：

甲	乙	丙	丁	戊	己	庚	辛	壬	癸
4	5	6	7	8	9	0	1	2	3

认识邮票中的文学与生肖故事

推知天干后，再求地支。用公元年数除以12，余数4，地支是子；余数5，地支是丑，以此类推下去，12地支与12个余数相对应为：

子　丑　寅　卯　辰　巳　午　未　申　酉　戌　亥
4　5　6　7　8　9　10　11　0　1　2　3

既有了天干，又求出地支，干支纪年便换算出来了。如：1980年，个位数是0，天干便是"庚"；1980除以12，余数为0，地支便是"申"，所以1980年便是庚申年。公元184年，黄巾起义爆发，起义领袖张角说过："岁在甲子，天下大吉"。算一下，一点不错，公元184年，正是甲子年。

与我国每人有关的十二生肖，可谓源远流长，具有广泛的群众性和民间传统性，并且在世界各地也有着深远的影响。但是，只有在党的十一届三中全会以后，摒弃了"左"的干扰，十二生肖才可望走上方寸。

邮票解析

1980年开始发行的庚申年猴票，作为生肖系列邮票的第一枚，也正是思想解放的产物。这枚邮票以我国著名画家黄永玉的原画为图案，由邵柏林精心设计，并采用雕刻版和影写版套印，画面金猴活灵活现，栩栩如生，甚至连一根根猴毛都毫微毕现，可以计数，真是一枚绝妙的佳作。

辛酉年

发行日期：1981.1.5

1-1

小型张

（T.58）

认识邮票中的文学与生肖故事

1-1雄鸡　　　8分　　　931.16万枚

邮票规格：26 mm × 31 mm

齿孔度数：11.5度

整张枚数：80枚

版　　别：影雕版

设计者：程传理

雕刻者：孙鸿年

印刷厂：北京邮票厂

全套面值：0.08元

知识百花园

　　鸡，属鸟纲，雉科，种类繁多，但其祖先都是至今仍栖息在东南亚一带的野鸡。鸡的起源可以追溯到公元前3 000年，那时在中国和印度，就已经把野鸡经过驯化、选择和培育，当作家禽饲养了。在新石器时代中期西安半坡遗址中，就发现了鸡的残骸。在新石器时代晚期的河南三门峡庙底沟遗址中，也发现了鸡的骨骼，这说明我国养鸡已有四五千年的历史了，是世界上养鸡最早的国家之一。在长江流域的屈家岭遗址，曾发掘出陶鸡，是仿照家鸡制作的，说明养鸡在当时已经十分普遍了，因此，鸡的造型才有可能被制成工艺品或日用器皿。

邮票解析

　　在农历辛酉年，俗称鸡年。发行这套邮票，为首轮系列生肖邮票的第二枚。邮票画面上，这只公鸡的原画作者、我国著名画家张仃，在文化大革命中，曾因画公鸡蒙受过不白之冤。只因赫鲁晓夫曾攻击中国是只"好斗的公鸡"，于是张仃画公鸡就成了同赫鲁晓夫"里应外合"。粉碎"四人帮"后，这只"公鸡"原稿是从一个地下室的废物堆里发现的。它身披彩羽，昂首翘尾，引颈长鸣，犹如一名刚刚经历了生死搏斗的勇士。画家将各色色块并置是对彩色羽毛的写意，更好地体现出生活中雄鸡羽毛的五彩斑斓之美，使画面上的雄鸡个性突出，形象鲜明，既像民间剪纸，又像玻璃镶画。

壬戌年

发行日期：1982.1.5

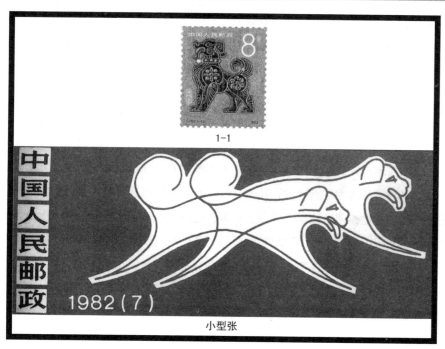

1-1

中国人民邮政

1982 (7)

小型张

（T. 70）

1-1狗　　　8分　　　1 411.16万枚

邮票规格：26 mm × 31 mm

齿孔度数：11.5度

整张枚数：80枚

版　别：影雕版

认识邮票中的文学与生肖故事

设计者：周令钊

雕刻者：高品璋

印刷厂：北京邮票厂

全套面值：0.08元

知识百花园

　　狗，古称犬，也叫獒，远在狩猎时代，它就和人生活在一起，是人类最早驯化的动物之一。狗，属于哺乳纲，食肉目，犬科。耳短直立或长大下垂，听觉、嗅觉灵敏，爪牙锐利，舌长而薄，汗腺密布，有散热功能。前肢五趾，后肢四趾，有钩爪。尾上卷或下垂。体表无汗腺。身体矫健，性机警。追溯狗的祖先，由于狗的野生种早已消亡，所以，很难明证其源。有人说它是由狼进化来的，现在还有某些品种，如狼狗，外貌很像狼；也有人说它是豺狗的变种等。但无论怎样，经过人类几千年乃至上万年的驯化、饲养和选育，现在世界上公认的犬种已达137种，而未被公认的地方名犬，也达200多种，其体态、毛色、属性，各有不同。但总的来看，狗是人类的朋友，对主人忠诚，有依恋感，正是："子不嫌母丑，狗不嫌家贫。"但对陌生人却很警惕，也恰恰是因为它的这种独具的特性，首先用它来看门护院、助人狩猎，并且经过驯练，广泛地被用来牧羊、导盲、军事、追踪、侦破、救援、竞技、拖曳等等。著名生理学家巴甫洛夫，利用狗成功地进行了条件反射试验。现代人又把狗送上人造卫星、宇宙飞船，为载人探空积累经验。狗全身是宝，人云："狗肉滚三滚，神仙站不稳"。狗肉不仅是美味佳肴，而且有安五脏、壮元气、补胃肾、暖腰膝、御寒冷之功能。番薯蒸狗肉，有补中益气、固肾强腰的作用；黑豆炖狗肉，可治老人耳聋、腰痛、肾虚之症；狗肾能壮阳益精；《本草纲目》还记载，狗宝（狗胃之结石）可降逆气、开郁结、解毒；狗皮褥子，防潮祛湿；狗毛、狗皮，均有其广泛用途。

邮票解析

　　此套票是我国首轮生肖邮票的第三枚。设计者在湛蓝的底色上，画上一只昂首挺腹的小黑狗。短尾上翘，红舌长伸，颈上佩以金色铜铃，身上绘有花纹图案，四肢粗壮，身姿健美，活泼机灵，生气勃勃，十分惹人喜爱。

癸亥年

1-1

小型张

（T. 80）

1-1猪　　8分　　1 275.96万枚

邮票规格：26 mm × 31 mm

齿孔度数：11.5度

认识邮票中的文学与生肖故事

95

整张枚数：80枚

版　　别：影雕版

设计者：卢天骄

雕刻者：赵顺义

原画作者：韩美林

印刷厂：北京邮票厂

全套面值：0.08元

知识百花园

农历癸亥年，地支中的亥与十二生肖的猪相对应，故又俗称猪年。猪又名豚、豕，古代称稀、豭等。野猪是家猪的祖先。据考古研究，远在3 600万年以前，人类还没有出现，野猪便已活跃在地球上了。野猪体长约1.2米，高约0.5米；体表疏生刚毛，呈黑褐色；犬齿发达，有刺刀状獠牙；吻部较长，性凶暴。广布于欧亚大陆和非洲北部。我国自东北地区到海南岛、东南沿海、台湾、新疆，几乎都有野猪的分布。野猪常结群在山地的丛林里栖息，其听觉、嗅觉非常灵敏，胆怯而机警，遇到危险立即逃窜。但当它防御或反抗时，则异常凶猛，尤其是大公猪，用其上颌巨型獠牙，冲挑对方，连一只凶狠的老虎也非它的对手，经常是两败俱伤。所以，自古以来，猎取野猪就是一项富有刺激性的活动，猎人都知道"一猪二熊三豹子"的防范警句。野猪生性粗野，食性很杂。庄稼成熟时，成群结队地盗食玉米、稻谷、马铃薯等农作物。有时袭击家猪、家禽。饥饿时，亦拱食杂草、树根、动物尸体、蚂蚁和昆虫等。冬季交配，初春产仔，每胎四五仔。幼猪崽身上常有黄色的竖条纹，待五、六个月后自然消失。野猪的寿命为10年左右。

邮票解析

猪年来临之际，邮电部发行了这套《癸亥年》特种邮票1套1种。这是我国发行的十二生肖系列邮票的第四枚。邮票主图是一只以圆线条绘成的小胖猪，粗中见美。深褐色的猪身上装饰着寿桃等彩色图案，具有民间剪纸和皮影的风格，显得极为生动可爱。是我国著名画家韩美林的杰作。

甲子年

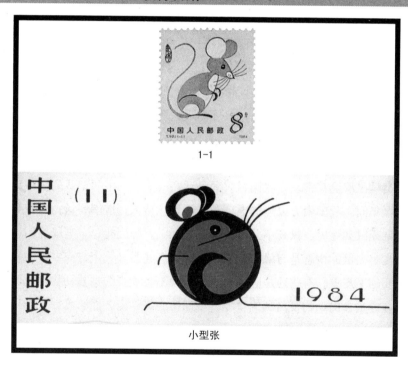

1-1

（11）

中国人民邮政

1984

小型张

（T. 90）

1-1鼠　　8分　　2 187.68万枚

邮票规格：26 mm×31 mm

齿孔度数：11.5度

整张枚数：80枚

版　别：影雕版

认识邮票中的文学与生肖故事

97

设计者：李印清

雕刻者：呼振源

印刷厂：北京邮票厂

全套面值：0.08元

知识百花园

　　鼠为哺乳动物纲中的啮齿目，是兽类中数量及种类最多的一个大家族。它们都具有二上二下四个凿形门齿，无犬齿，在门齿和臼齿间留下较大的齿隙。门齿能终生生长，不断由颌骨深处的齿根向外推出，以补充啮咬硬物被磨去的部分。

　　鼠的种类多，数量惊人，繁殖特别快，生命力很强，几乎什么都吃。一只老鼠一年大约可吃掉9kg粮食。它们还毁坏农田，掘空堤坝，破坏草场，咬坏森林，给农、林、牧、副各业以及水利建设带来极大的危害，我国部分牧区每年用于灭鼠的经费就达数百万元，而咬烂物品，毁坏建筑，造成停电，水灾，火险等等数不清的有形和无形损失，其价值难以估计。更为严重的是它们还传播疾病，鼠疫、斑疹伤寒、流行性出血热、钩端螺旋体病等等几十种病原的散布均与鼠类有关。这一点，人类早已深受其害。在我国，仅司马迁在《史记》中所记载的鼠疫就有50多起。清乾隆年间，我国南方鼠疫肆虐，死人无计，诗人师道南写道："东死鼠，西死鼠，人见死鼠如见虎；鼠死不几日，人死多如鼠。"因此，"老鼠过街，人人喊打"，人类对老鼠的憎恶是有缘由的。但事物总有其另外一个方面，鼠中也有不少种类是重要的毛皮兽，有些还是医药科研等方面不可缺少的实验动物。它们在自然界中是许多珍贵食肉动物及禽鸟的食物，在保持生态平衡方面有着一定作用。

邮票解析

　　值六十一甲子之际，邮电部发行了这套鼠年特种邮票，为我国首轮生肖邮票的第五枚，为我国著名画家詹同所作。由于鼠在我国为"四害"之首，形象极难表现，所以设计者颇费心力，采取了略带装饰性的漫画式手法，予以适当夸张造型。画面上这只小老鼠嘴尖须长，大耳丰体，端坐在那里，两只前爪擎在胸前，一根细尾高高竖起，突出了其灵活、雅气的特点，即使老鼠显得幽默、有趣，又不失其基本特征。

乙丑年

发行日期：1985. 1. 5

1—1

小型张

（T. 102）

认识邮票中的文学与生肖故事

1-1牛　　　8分　　　9 555.26万枚

邮票规格：26 mm × 31 mm

齿孔度数：11.5度

整张枚数：80枚

版　　别：影雕版

设计者：任宇

雕刻者：阎炳武

印刷：北京邮票厂

全套面值：0.08元

知识百花园

牛，为哺乳纲，牛科，有牛属、水牛属、牦牛属等。其体驱庞大，重由数百千克至千余千克不等，四肢发达，肢端为蹄，多数有角，上颚无门齿，分为乳用、肉用、役用和乳肉兼用等种类。

在其自身结构中，胃分四室，草食反刍，为一大特征。草一类的食物被牛略咀嚼后，就吞入两个相连的胃室，即瘤胃和蜂窝胃中。在细菌的作用下，食物被分解成浆状物质，做成团子，一个个返回到牛嘴中再咀嚼，俗称"倒嚼"。经过重新咀嚼的食物，被送入重瓣胃和皱胃，在酶的作用下，再送到肠中。一根草从进入牛口到排出体外，大约需要24小时，但一些较粗糙的饲料需花费六七天的时间才会被消化完。反刍动物的4个胃室是在长期的生活环境中形成的。亘古以来，食草动物在取食时，常常受到食肉动物的袭击而丧生。这样匆匆地先大量吃下带走，待安全时，再慢慢反刍进食有利于它们的生存。

邮票解析

1985年是牛年，邮电部发行了这套牛年特种邮票，为我国首轮生肖邮票的第六枚。图案采用我国著名画家姚钟华的原作。画面上，这头雄牛，昂首引颈长鸣，代表中华民族奋发向上，寓意祖国的繁荣富强。

丙寅年

发行日期：1986.1.5

1-1

小型张

（T. 107）

1-1虎　　8分　　12 663.26万枚

邮票规格：26 mm × 31 mm

认识邮票中的文学与生肖故事

齿孔度数：11.5度

整张枚数：80枚

版　别：影雕版

设计者：张国藩

雕刻者：呼振源

印刷厂：北京邮票厂

全套面值：0.08元

知识百花园

虎，又称老虎，是当今体型最大的猫科动物，也是亚洲陆地上最强的食肉动物之一。最大的虎种体重可以达到350千克以上。老虎对生活环境的要求很高，各老虎亚种均处于所属食物链的最顶端，在自然界中没有天敌。虎的适应能力也很强，在亚洲分布很广，从北方寒冷的西伯利亚地区，到南亚的热带丛林及高山峡谷等地，都能见到它们优雅威武的身影。

据目前化石分析，一般认为虎发源于亚洲东部，也就是我国东部地区（长江下游）。虎的毛色为橘黄或橘红色，腹部及四肢内侧是白色或乳白色，它们外表最明显的特征是全身布满黑色条状斑纹，斑纹延伸至脑门上，有时会呈现汉字"王""大"的字样，眼眶有醒目的白斑，两颊也有醒目的白色鬃毛，外观显得华丽、威武，是顶级的食肉性动物。

邮票解析

邮电部发行的这套虎年特种邮票，是我国首轮生肖邮票的第七枚。设计者运用装饰性画法，展现在人们面前的是一只威风凛凛，气韵生动的下山猛虎，长尾摆动，虎纹优美，生气勃勃。造型既有布玩具的韵味，也有剪纸的格调，但又不失真虎的本质。在浓郁的民族艺术中洋溢着喜庆的气氛，使人望而生畏的同时也感到亲切。

丁卯年

1-1

小型张

（T.112）

1-1兔　　8分　　11 481.65万枚

邮票规格：26 mm×31 mm

齿孔度数：11.5度

整张枚数：80枚

版　别：影雕版

设计者：李芳芳

认识邮票中的文学与生肖故事

103

雕刻者：孙鸿年

印刷厂：北京邮票厂

全套面值：0.08元

知识百花园

兔子是人类最早驯化的野生动物之一。家兔，为哺乳纲、兔科，约有60多种。门齿发达，上唇中央有裂缝。耳长，眼大突出，嗅觉、听觉敏锐，尾短上翘。前肢5趾，后肢4趾，后肢比前肢长，善奔跑跳跃，机敏，灵活，胆小，繁殖力强，生后6至8个月可以配种，妊娠期约30天，每胎产仔4至6只。体重一般为2.5至6.5千克，寿命约10年。在我国古代神话中，兔子原为封神榜上的"长耳金光仙"，后出山助月神捣药，为百姓消灾祛病。每逢中秋佳节，人们吃着月饼，饮酒赏月，也忘不了那为人民做好事的玉兔。而由此称月亮为白兔、玉兔、金兔、蟾兔、兔轮、兔魄等。兔与我国人民的密切关系，还表现在许多与兔有关的故事中，家喻户晓的寓言"龟兔赛跑"，是说由于骄傲而松懈，导致失败的结果；守株待兔"，是说好逸恶劳、心存侥幸、坐享其成，结局是一事无成、一无所获；"兔死狗烹"，是说过河拆桥、卸磨杀驴之意；"动若脱兔"，是说行动敏捷、迅速，雷厉风行；"狡兔三窟"，是说机警、狡猾，凡事要多做准备，遇事有退路。而在实际生活中，确实有一种野生雪兔，随着自然气候三次改变自己的毛色和巢穴。这种野兔腿短，耳阔，肥壮，出没在我国大兴安岭原始森林中。从春至夏，它身披灰绿色长毛，隐藏于草丛中；夏末秋初，长毛渐变为黄褐色，转入白桦林中藏身；冬日来临，全身已是洁白如雪，这时便在雪地中钻洞睡眠。由于它这种随季节变化的隐蔽色及狡猾异常的习性，因此得以繁衍生息。兔子在神话、童话、儿童戏剧、民间故事、以及诗歌、散文各类文学作品中，常以不同角色出现；也是绘画、雕刻、剪纸、玩具等艺术创作的对象和题材。

邮票解析

1987年是兔年，邮电部发行了这套兔年特种邮票，是我国发行的首轮生肖邮票的第8枚。

戊辰年

发行日期：1988.1.5

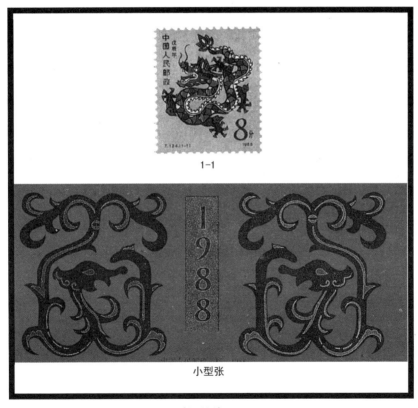

1-1

小型张

（T.124）

1-1龙　　8分　　12 391.65万枚

邮票规格：26 mm×31 mm

齿孔度数：11.5度

整张枚数：80枚

版　　别：影雕版

设计者：祖天丽

雕刻者：群峰

印刷厂：北京邮票厂

全套面值：0.08元

知识百花园

在十二生肖中，唯独龙在自然界是不存在的。但它却是最有生命力的一种虚拟的动物，一种神物。龙在封建社会不仅是历代帝王至高无上"真龙天子"的标志，而且在漫长的历史发展过程中，也成为中国古老文化的重要组成部分。故宫、颐和园、西安、开封、洛阳、邯郸等历代古都建筑物上，古代的庙宇、雕塑、绘画、器皿、仪器、家具、服饰以及文书档案上，处处可以看到千姿百态的龙，构成了一个博大精湛的龙的造型艺术体系。中国古代有关龙的文学创作、神话、故事、传说，卷帙浩繁，内容丰富，不胜枚举。龙在中国人的生活中影响深远。许多人的名字中，都有龙字。全国带龙字的地名，不计其数，带龙字地名的邮政日戳，就有700多个，"龙王""龙母""龙女""龙窝""大龙""小龙"等等应有尽有。至于民间的"祭龙求雨""舞龙灯""赛龙船"等游艺活动，历久不衰，并且流传到东南亚一些国家。龙在日本邮票上屡见不鲜，日本第一套邮票就是以两条龙作图案的龙文邮票。我国除清代以及在商埠邮票及台湾地方邮票上，时而有龙的形象出现外，新中国邮票上的龙，大多出现在以古代艺术或科技成就为题材的邮票上，天安门华表上就盘蜒着一条龙，它多次出现在邮票上。1979年3月29日发行的《长沙楚墓帛画》邮票第一图上，就有"龙"的形象。

邮票解析

1988年龙年来临之际，首轮第9枚生肖票龙票产生，设计者为年仅24岁的中央美术学院民间美术系应届毕业生祖天丽。

己巳年

发行日期：1989.1.5

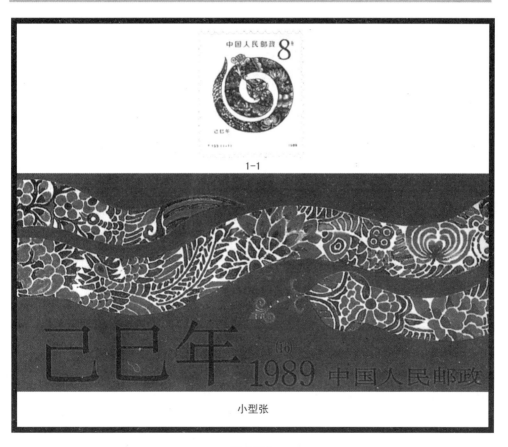

1-1

小型张

（T.133）

1-1蛇　　　8分　　　12 602.05万枚

邮票规格：26 mm×31 mm
齿孔度数：11.5度
整张枚数：80枚
版　　别：影雕版
设计者：吕胜中
雕刻者：呼振源
印刷厂：北京邮票厂
全套面值：0.08元

知识百花园

在中国古老文化中，蛇作为我们先人的图腾始祖神被崇拜。神话中补天造人的女娲就是"人首蛇身"。许多传说故事也不乏"蛇郎""蛇女"的形象。《白蛇传》里，那化作人间美女的一对白蛇、青蛇，多少年来，成为人们心目中对爱情忠贞不渝以及勇敢、侠义的象征。民间流传的"蛇盘兔""蛇盘娃"，也都是把蛇当作一种保护神。而且，无论在我国，还是在世界其他地方，都把蛇视为健康、长寿和吉祥的象征。到近代，世界上许多国家的医学组织和医学会议，仍以蛇作为徽记；而医生的职业标志仍然是蛇，这也许是几千年来古代图腾崇拜的引申。可以看出，蛇在华夏文化及世界文化中均有着显耀的地位。

邮票解析

这套蛇生肖邮票，既要表达蛇年的喜庆，又要消除人们对蛇的恐怖印象，设计者在造型上，选择了盘蛇，借以体现蛇的动感和神圣感，同时，以意象化的手法注入了美好、吉祥、欢乐的内涵。蛇身上绽放着牡丹、荷花、秋菊、腊梅，象征着四季平安。尤为奇妙的是，蛇嘴里含着一株灵芝仙草，避开了令人生畏和厌恶的长舌，也增添了祥瑞的气氛。邮票画面整体感强，民间色彩浓，造型单纯简练，与我国古老文化相一致，寓有团圆之意，富有美感。

庚午年

发行日期：1990.1.5

1-1

(17)
1990 中国人民邮政

小型张

（T.146）

1-1马   8分   13 117.65万枚

邮票规格：26 mm×31 mm

齿孔度数：11.5度

整张枚数：80枚

版　　别：影雕版

设计者：邹建军

雕刻者：呼振源

印刷厂：北京邮票厂

全套面值：0.08元

知识百花园

马，草食性家畜。在4000年前被人类驯服。马在古代曾是农业生产、交通运输和军事等活动的主要劳动力。随着生产力的发展，科技水平的提高，动力机械的发明和广泛应用，马在现实生活中所起的作用越来越少，马匹主要用于马术运动和生产乳肉，饲养量大为减少。但在有些发展中国家和地区，马仍以役用为主，并且是役力的重要来源。"万马奔腾"，即形容声势之浩大；"白驹过隙"，又代表着时间之飞逝；"老马识途"，说的是几匹老马将迷路的齐桓公带回齐国的故事；"老骥伏枥"，是喻人虽然老了，但依然壮心不已。

邮票解析

1990年，邮电部发行生肖马邮票，是首轮生肖票的第11枚，主图是一匹憨厚老实的小黑马，大红的长鬃，富有装饰意味的马褡子和披挂，在翠绿底色的衬托下，给人一种喜庆气氛。

辛未年

1-1

1991(18)

中国人民邮政

辛未年

小型张

（T.159）

1-1羊　　　20分　　　12 481.65万枚

邮票规格：26 mm × 31 mm

齿孔度数：11.5度

整张枚数：80枚

认识邮票中的文学与生肖故事

111

版　别：影雕版
设计者：雷汉林
雕刻者：呼振源
印刷厂：北京邮票厂
全套面值：0.20元

知识百花园

羊，为哺乳动物，反刍类。其家族的种类约有100多种，均属偶蹄目洞角科。其中家羊是我们的祖先早在五六千年前将几种野羊驯化而成。《诗经》中的《小雅·无羊》篇中有"谁谓尔无羊?三百维群"句，说明那时已有了较大规模的牧羊业。家羊有两种，一是绵羊，体型较肥胖，毛细密浓厚，双角呈卷曲状，颏下无长须，一般认为它是由野生盘羊驯化而来。经过世代饲养选育，繁衍出许多各具特性的品种，如产毛用细毛羊、半细毛羊、粗毛羊、半粗毛羊；产羊羔皮用羊；产裘革用羊；肉用羊；毛肉兼用羊和观赏羊（大耳羊）等。澳大利亚的美利奴细毛羊，不仅体格健壮，产毛量多，毛细质优，而且容易繁殖和管理，成活率高，成长速度快，在世界上久负盛名。我国的三北羊、新疆羊、内蒙古大尾羊和宁夏滩羊（产羔皮羊）等也均享誉全球。绵羊性情温顺，不喜争斗，因此，被人用作供驱使、任宰割的代称，无论东方西方，均把"小绵羊"理解为驯服工具。著名的"狼吃小羊"的故事，恐怕被吃的也是绵羊的后代。二是山羊，体态轻巧，行动灵活，双角直而扁，颏下有长须，是由北山羊进化而来。其品种也不少，可大致分为毛用、肉用、毛肉兼用、产羔皮用、产奶用（奶羊）和役用羊等。近代育种学家培育出一种全身体毛呈黄色带有光泽的金毛山羊，成为名贵的毛用新品种。

邮票解析

1991年，邮电部发行生肖羊邮票，这是首轮生肖票的最后一枚。邮票画面上为一只布羊，身上绽开着牡丹、茶花、菊花、梅花，象征一年四季；羊足向前，羊首回顾，既有瞻前，又有顾后，体现出羊温顺、朴实、善良的性格特征，为我国第一轮生肖邮票画上了句号。

壬申年（T）

发行日期：1992.1.25

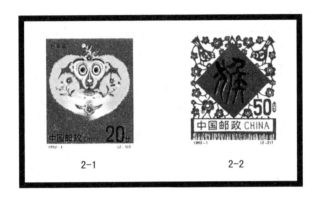

（1992-1）

2-1猴桃瑞寿　　　20分　　　23 374.5万枚

2-2喜鹊登梅　　　50分　　　20 400.1万枚

邮票规格：26 mm×31 mm

卤孔度数：11.5度

整张枚数：32枚

版　　别：影雕版

设计者：曹鸿年、许彦博、王振华

雕刻者：呼振源

印刷厂：北京邮票厂

全套面值：0.70元

知识百花园

猴是一个俗称。灵长目中很多动物我们都称之为猴。灵长目是哺乳纲的1目。动物界最高等的类群，大脑发达；眼眶朝向前方，眶间距窄；手和脚的趾分开，大拇指灵活，多数能与其他趾对握。包括原猴亚目和猿猴亚目。原猴亚目颜面似狐，无颊囊和臀胼胝，前肢短于后肢；拇指与大趾发达，能与其他指相对；尾不能卷曲或阙如；猿猴亚目颜面似人，大都具颊囊和臀胼胝，前肢大都长于后肢，大趾有的退化；尾长、有的能卷曲，有的无尾。

从1992起，我国第二轮生肖邮票开始发行。票幅不变，与第一轮系列生肖邮票一样，仍为26×31毫米，每套改为2枚，第一枚为生肖动物造型，第二枚为中国传统书法艺术。

邮票解析

图2-1【猴桃瑞寿】在鲜艳醒目的桃红色衬底下，映托出一个米黄色的大寿桃，桃是增寿的瑞果，上面为猴脸。猴与桃的组合，正表达了"猴桃瑞寿"这一民俗的寓意。猴子耳朵两侧的一对蝠形线，构成"福寿双全"的画面。几只飞翔的蜜蜂，三两朵盛开的桃花，构成了一幅生机勃勃的春景，预示着一个风调雨顺的新年。红色猴脸，红色桃花，寓意着"人面桃花相映红"。而蜂谐"封""丰"音，猴谐"侯"音的结合，又蕴含着"封侯挂印""人寿年丰"之意。

图2-2【喜鹊登梅】一幅中国民间剪纸挂帘，上边双鹊喳喳，梅花点点。梅谐"眉"音，寓意"喜上眉梢"；而喜鹊成对，当然是"双喜临门"了。中间菱形红纸上，书写一篆体"猴"字，重点极为突出、醒目，不仅向人们宣告"今年是猴年"，而且也渗透着过年贴"福"字、贴春联的气息，符合我国农历新年的风俗。

癸酉年（T）

发行日期：1993.1.5

2-1   2-2

（1993-1）

2-1雄鸡报晓　　　20分　　　30 006.5万枚

2-2四季吉祥　　　50分　　　25 062.5万枚

邮票规格：26 mm×31 mm

齿孔度数：11.5度

整张枚数：32枚

版　别：影雕版

设计者：蔡兰英

雕刻者：（1图）呼振源、阎炳武；（2图）李庆发、姜伟杰

印刷厂：北京邮票厂

全套面值：0.70元

认识邮票中的文学与生肖故事

"手种猴桃垂柳绿，养得鸱鸡鸣角角。"当猴年已去，雄鸡昂首报晓之际，第二轮生肖鸡年邮票开始发行。设计生肖邮票，是中国画坛的一件盛事，也是艺术界争相角逐、激烈竞争的热门课题。但是，今年的鸡票，却是在社会各方提供的38个设计方案近80幅图稿中，偏偏选中了年已75岁高龄的蔡兰英老大娘的剪纸作品。这位普普通通的农村妇女，朴实、善良、勤奋、聪慧，具有中国劳动女性的种种美德和品质，她从7岁便操起剪刀，以剪成一个三角花为发端，开始了自己毕生的创作生涯。现在，竟能在强手如林的竞争中一举夺标，充分显示了她的艺术功底和创作才能。如此高龄的业余设计者能够荣登榜首，这也是在新中国邮票设计史上一件值得庆贺的事情。

邮票解析

图2-1【雄鸡报晓】在纯白底色的衬托下，一只昂首挺胸、威武雄壮的大红公鸡，正在引颈高唱。这是黎明的召唤，或是新时代的开始，使人振奋，给人力量。边角衬以花草图案，生机勃勃，幸福吉祥。

图2-2【四季吉祥】在深沉底色的衬托下，主图中心为一个篆体"鸡"字，极富艺术性。四周环绕着菊花、梅花、月季花等四季花卉，象征着长寿、圣洁、祥和，并充满着浓郁的节日气氛和乡土气息。

甲戌年（T）

（1994-1）

2-1平安家福　　20分　　21 340.9万枚

2-2祥瑞兴旺　　50分　　16 011.3万枚

邮票规格：26 mm × 31 mm

齿孔度数：11.5度

整张枚数：32枚

版　别：影雕版

设计者：张二苗

雕刻者：（1图）呼振源、阎炳武；（2图）李庆发、姜伟杰

印刷厂：北京邮票厂

全套面值：0.70元

　　狗起源于狼，目前已经得到了共识，但围绕着具体的发源地和时间则是众说纷纭。到目前为止，最早的狗化石证据是来自于德国14 000年前的一个下颌骨化石，另外一个是来源于中东大约12 000年前的一个小型犬科动物骨架化石，这些考古学证据支持狗是起源于西南亚或欧洲，而另一方面，狗的骨骼学鉴定特征提示了狗可能起源于狼，由此提出了狗的东亚起源说。

　　图2-1【平安家福】采用故宫红墙的深红色作为底色，这种色彩欢快、祥和，民族气息浓郁，象征着中华民族几千年的灿烂文化和尊严。主图的玩具狗以大黄色为主色调，又有着"炎黄子孙"的意蕴。狗的形象是写实的，而身上的花纹由中国特有的大红大绿组成，比较抽象。这是一只卧式小狗，长着一个圆圆的大脑袋，两条前腿直立，后腿横卧。它正侧过脸来，闪动着乌黑的圆眼睛。大黄色的身体上点缀着红、绿、蓝相间的色点，象征着耳朵、眉毛、胡须乃至一串颈挂铃铛。线条简洁明快，使玩具狗更显得纯朴、真实、驯良，给人一种神秘跳跃的动感，突出了其活泼、可爱、忠诚、机警的性格。

　　图2-2【祥瑞兴旺】原图中间是篆书"狗"字，周边的窗花图案是起绵的花枝，象征着春天的萌动，寓意全年的生机勃勃和丰收景象。邮票顶部图案为剪纸"双狗图"，剪纸中间设计为房子，两边是一对欢快的哈巴狗，表示狗与人的密切关系，这比纯以花枝作装饰更贴近主题。

乙亥年（T）

发行日期：1995.1.5

（1995-1）

2-1肥猪拱门　　　20分　　10 006.5万枚

2-2喜迎新春　　　50分　　8 062.5万枚

邮票规格：26 mm × 31 mm

齿孔度数：11.5度

整张枚数：32枚

版　　别：影雕版

设计者：吴建坤、杨文清

雕刻者：阎炳武、呼振源

印刷厂：北京邮票厂

全套面值：0.70元

这是我国继1983年（癸亥年）1月5日，发行猪年生肖邮票之后的第二轮生肖猪邮票。第二轮生肖邮票国家有关部门已经作了总体规划。其中第一图的生肖形象，将以两年平面（如布贴画、皮影、剪纸等）、两年立体（如泥塑、彩陶、木偶等）的顺序循环；第二图将以书法形式出现，并遵循篆、隶、草、真四种字体三年一变的规律。这样，将把我国包括民间玩具和书法在内的传统艺术，通过这轮生肖邮票的发行，得到更系统、更全面的展示。

邮票解析

图2-1【肥猪拱门】主图以民间工艺品"枕头猪"为原型，进行设计和再创造。该作品出自陕西宝鸡陇县东南乡演峪山村的农家妇女陈美娥之手。宝鸡是华夏始祖炎帝的故里，素有"青铜器之乡"和"民间工艺美术之乡"之称。陇县作为宝鸡辖区最西边的一个山区小县，接壤甘肃，古称陇州府。其民间工艺品门类繁多，彩绘泥塑、木版年画、草编雕刻、社火脸谱、陶塑刺绣、剪纸皮影、纸扎漆画、灯笼花炮，几乎全部出自农民之手。尤其是陇县的民间工艺品，更具有传统性、原始性，即更具有地方特色。1985年至1986年初，曾去北京、河南、扬州等地举办工艺品展览，并有33件作品漂洋过海去法国和美国展览，享誉国内外。1987年上半年，陇县文化馆在县内组织了"社火脸谱"和"民间工艺品"两次展览，这只"枕头猪"就是在这次展览中被选进展室并被县文化馆收藏的。同年7月14日，中国民间美术馆馆长曹振峰一行数人来该县征集民间工艺品，这头小猪以其独特的憨态、精湛的技艺而被选中，带回北京中国民间美术馆收藏。作品的主人陈美娥年已51岁，虽没有受到过正规的文化教育，但乡俗民间文化的长期熏陶和母辈们的良好影响，开拓了她的智慧，30多年来，经她手做成的各种飞禽走兽图案和形象的工艺品数以千计，是一位能工巧匠。"枕头猪"在关中乡间广为流行，多为儿童枕用，用以驱灾避邪，预示大吉大利。

图2-2【喜迎新春】主图是一个写在农家窗纸上的"猪"字，勾以白边的黑色隶书大字，恰当地利用窗棂的位置关系，居于图案正中，四边衬以深棕灰的底色，看上去格外醒目。传统的回廊式窗格呈橘红色，洋溢着欢快、祥和的情调，也意味着人事的殷实；窗户两下角是"双猪图"的窗花，象征着春天的萌动，寓意畜业兴旺。

丙子年（T）

发行日期：1996.1.5

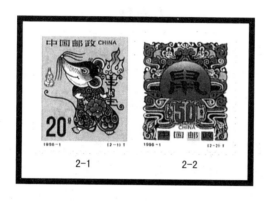

（1996-1）

2-1万家灯火　光明前景　　20分　　9 009.7万枚

2-2鼠咬天开　普天同庆　　50分　　7 481.7万枚

邮票规格：26 mm×31 mm

齿孔度数：11.5度

整张枚数：32枚

版　　别：影雕版

设计者：吕胜中

雕刻者：李庆发、姜伟杰

印刷厂：北京邮票厂

全套面值：0.70元

设计者从中华民族古老的传统文化中，找到了老鼠人格化的形象，人们从中寄寓了对太阳的崇拜，对光明的追求。传说是老鼠咬破了混沌，分出了阴阳，这才有了天地万物。因此，老鼠在十二生肖中与地支之首"子"相配，位居第一。而"子时"在古代计时法中正处于昨天之阴与今天之阳的中间，是光明与黑暗转换交替的关键时刻。吕胜中运用民间年画手法，根据"老鼠嫁女""鼠咬天开"的传说，完成了这套邮票的设计，体现出老鼠形象在中国传统文化中的涵义。

邮票解析

图2-1【万家灯火　光明前景】画面主图为一只手执灯台，身着花衣，翘嘴长须，诙谐滑稽的小老鼠。设计上突破了以单纯生肖动物为主图的表现手法，在拟人化的漫画渲染夸张之中，呈现出生肖鼠的人情味。这只令人望而生爱的小花鼠，在浅灰底色的衬托下，有一只油葫芦相伴，不仅揭示出老鼠上灯台、追求希望和光明的本意，也洋溢着老鼠嫁女的喜庆气氛。设计者以中国具有传统韵味的"万寿"灯台入画，并以老鼠站立仰视的神姿面世，既见鼠态，又见人情。

图2-2【鼠咬天开　普天同庆】画面主图为一轮喷薄而出的红日托出一个楷书"鼠"字，在曙红底色的衬托下，格外鲜艳耀目。周围的满天彩霞之中，藏着6只小灰鼠，鼠咬天开，光明来临，揭示出华夏先民对幸福的期待，对太阳的崇拜，传达出鼠生肖的传统意蕴。

丁丑年（T）

发行日期：1997.1.5

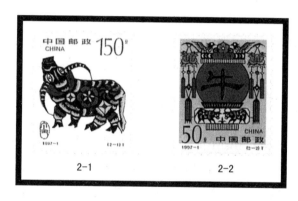

（1997-1）

2-1金牛奋蹄　　　150分　　　8 281.7万枚
2-2牛耕年丰　　　50分　　　9 347.3万枚

邮票规格：26 mm×31 mm
齿孔度数：11.5度
整张枚数：32枚
版　　别：影雕版
设计者：呼振源
雕刻者：呼振源
印刷厂：北京邮票厂
全套面值：2.00元

这套丁丑年邮票，为我国发行的第二轮生肖邮票的第6套。尽管两枚邮票分别采用剪纸、年画两种不同的艺术手法，但设计者已充分考虑到它们之间色彩的协调性和统一性，造型大方稳健，民族风格浓郁，线条粗犷，刀法细腻，色彩斑斓，具有强烈的装饰韵味和艺术感染力。

邮票解析

图2-1【金牛奋蹄】画面依据山东省高密县方市乡前曹戈庄村33岁的农村女子齐秀花的剪纸作品《媳妇骑牛图》进行设计，原作中的"媳妇"被删去，突出了牛的形象，体现出胶东地区民间剪纸艺术那源于生活、构思巧妙、粗犷中多见细腻的本色。只见那弯弯的牛角，垂地的长尾，壮实的牛身，稳健的四蹄，都真实地再现了生活中牛的特点，牛身上似花非花，似铜钱又非铜钱的纹饰，充分地表现出朴实的浪漫主义。

图2-2【牛耕年丰】画面主图一只高高挂起的大红灯笼上，映出了一个醒目的隶书"牛"字，为牛年的庆春象征。围绕着这只灯笼，又进行了几多创意，两只喜鹊和一朵梅花，寓意"喜鹊登梅"；旒苏上的两朵牡丹，代表幸福、富贵；特别是那春意盎然的"双牛图"，画面虽小，确为点睛之笔，与主图的大"牛"字紧密呼应。

戊寅年（T）

发行日期：1998.1.5

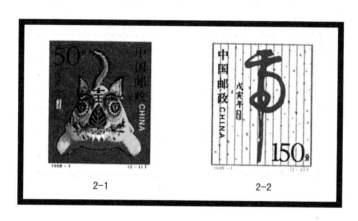

（1998-1）

2-1虎虎生威	50分	10 028.7万枚
2-2气贯长虹	150分	8 556.7万枚

邮票规格：26 mm×31 mm

齿孔度数：11.5度

整张枚数：32枚

版　别：影雕版

设计者：王虎鸣、马刚

雕刻者：姜伟杰、李庆发

印刷厂：北京邮票厂

全套面值：2.00元

　　这套邮票，为我国发行的第二轮生肖邮票的第7套。主图为一只玩具布老虎，它出自于晋东南太行山腹地的黎城县城关镇谷驼村一位普通的农家妇女高秋英之手。黎城为春秋战国时代的黎候国，悠久的历史塑造了这里纯朴的民风。而生于1945年的高秋英，又恰恰成长在一个远近闻名的刺绣世家，家庭的熏陶和自己的聪明勤奋，使她在少年时代便以"小绣家"的美名传闻乡里，尤其是对威武雄壮、勇猛刚健、且能"制鬼御魅、辟邪除秽"的虎，更情有独钟。她博采众长，慧心独创，用棉布、绸缎等精心裁剪，拼缝成形，内充锯末，外辅刺绣，并以镶嵌、剪贴等手法，勾勒出老虎的五官和斑纹，于是，一只只活泼可爱、透着雄威的小老虎便脱颖而出。这些富有浓郁乡土气息的民间玩具，既表现了纯朴农家艺人的巧手匠心，又体现出她们对美好生活的向往和追求，洋溢着温润的人情意味，也代表着我国民间布老虎文化的发展和繁荣。

　　这套邮票的设计是通过电脑完成的，就中国生肖邮票而言，以电脑作画此为第一例。

　　图2-1【虎虎生威】邮票画面为一只黎城布老虎的正面肖像。这只小布虎造型虚实合理，夸张适度，变形得法，将虎的身躯大大收缩，四肢又极度简化，但虎的主要特征却得到了体现，正面的虎头，突出了制作上那种酣畅的线条和浪漫神奇的纹饰，眼神生动，眉目传情，以及嘴巴的虎虎生气，都使这只潇洒大方、正气凛然的小老虎，洋溢着雄浑厚重的气质和活泼旺盛的生机。这样的画面既保留了民间工艺的朴实格调，又在富于变形的浪漫主义氛围中，赋予了人的性格和感情，达到了现实与幻想水乳交融，其古拙、豪放与秦汉之风一脉相承。画面以孔雀蓝为底色，色调对比强烈，使视觉效果更为明快。

　　图2-2【气贯长虹】邮票画面是唐代大书法家颜真卿所书《裴将军诗》中的著名草书'虎'字。此草书极有气势，点画之间随意天成，转折行笔在自然中显示出高度的艺术修养，可谓落纸云烟，游云惊电。古人常把此'虎'用于中堂悬挂，据说颇有镇灭避邪之效；亦取其一笔连贯的神韵，喻一生通达顺畅之意。

己卯年（T）

（1999-1）

2-1玉兔为月　　　50分　　　10 212.90万枚

2-2吉祥如意　　　150分　　　8 369.70万枚

邮票规格：26 mm×31 mm

齿孔度数：11.5度

整张枚数：32枚

版　别：影雕版

设计者：王虎鸣、呼振源、杨文清

雕刻者：呼振源

认识邮票中的文学与生肖故事

127

印刷厂：北京邮票厂

全套面值：2.00元

知识百花园

兔，俗称兔子，是哺乳类兔形目兔科、草食性脊椎动物。头部略像鼠，耳朵根据品种不同有大有小，上唇中间分裂，非常可爱，尾巴向上翘，前肢比后肢短，善于跳跃和奔跑。

邮票解析

图2-1【玉兔为月】画面上的小白兔蛰伏不动，非常乖巧，身上五彩斑斓的花纹，充满了喜庆气氛，选用白色的衬底即使票面敞亮洁净，又把玉兔衬托得淡雅和谐。《典略》载："兔者，明月之精。"在我国传统节日风俗里，玉兔历来被视作象征明月的瑞兽而受到崇拜。

图2-2【吉祥如意】画面背景为粉红色，以黄色的清代剪纸"月亮图"衬托出一黑色的草书"兔"字，色彩明快，潇洒醒目。以兔作为吉祥富贵物，在我国由来已久。《瑞应图》说："赤兔者瑞兽，王者盛德则至"。民谣有"蛇盘兔，必定富"。还以"兔子"寓"吐子"即以兔寓示后代繁盛等，这些都说明了兔在我国传统文化中祥瑞的寓意。

庚辰年 （T）

发行日期：2000.1.5

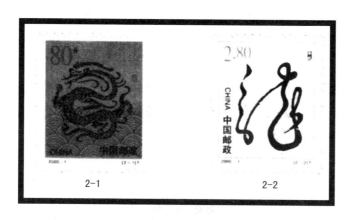

（2000-1）

2-1祥龙腾飞　　　80分　　　9 527.52万枚

2-2旭日东升　　　2.80元　　7 380.32万枚

邮票规格：26 mm×31 mm

齿孔度数：11.5度

整张枚数：32枚

版　　别：影雕版

设计者：黄里、郭承辉

雕刻者：李庆发、姜伟杰

认识邮票中的文学与生肖故事

129

印刷厂：北京邮票厂

全套面值：3.60元

知识百花园

中国的神话与传说中，龙是一种神异动物，其形象有多种，在阴阳宇宙观中代表阳，是中华民族的象征和古代王室的标志。华夏民族的先祖炎帝、黄帝，传说中和龙都有密切的关系，"黄帝龙轩辕氏龙图出河"（《竹书记年》），相传炎帝为其母感应"神龙首"而生，死后化为赤龙。因而，中国人自称为"龙的传人"。

邮票解析

图2-1【祥龙腾飞】主图为陕西省出土的一块汉代瓦当上的青龙纹饰。瓦当一般为灰黑色，用金色作底，加以衬托，龙跃然画面，非常醒目，再巧妙点红，恰到好处。底图为海水江牙，巨龙在滚滚江涛之上飞腾，气势磅礴。

图2-2【旭日东升】主图为明代书法家吴亮所书"龙"字。"龙"字犹如一条遨游天际的飞龙，代表了中华民族的蒸蒸日上，蕴含着龙文化的源远流长。

巳辛年 （T）

发行日期：2001．1．5

2-1　　　　　2-2

（2001-2）

2-1祥蛇祝福　　80分　　　8 000万枚

2-2祥运普照　　2.80元　　6 500万枚

邮票规格：26 mm×31 mm

齿孔度数：12度

整张枚数：32枚

版　　别：影雕版

设计者：呼振源

雕刻者：呼振源

印刷厂：北京邮票厂

全套面值：3.60元

蛇是无足的爬虫类冷血动物。身体细长，四肢退化，无足、无可活动的眼睑，无耳孔，无四肢，无前肢带，身体表面覆盖有鳞。部分有毒，但大多数无毒。

图2-1【祥蛇祝福】主图为一条立蛇，蛇身为绿色，造型像春节期间盛开的水仙花头，表现了我国民间节日的喜庆气氛。

图2-2【祥运普照】主图为一楷体"蛇"字，红色，后面衬以双蛇吐蕊，下端为两只蝙蝠，涂以红、绿、黄等颜色，表现了喜庆吉祥的含义。

壬午年（T）

发行日期：2002.1.5

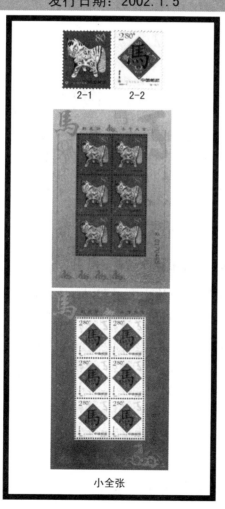

2-1　　2-2

小全张

(2002-1)

认识邮票中的文学与生肖故事

133

2-1马到成功　　　80分　　　5 500万枚

2-2壬午大吉　　　2.80元　　　4 800万枚

邮票规格：26 mm × 31 mm

齿孔度数：12度

整张枚数：32枚

版　　别：影雕版

设计者：王虎鸣

雕刻者：李庆发、姜伟杰、郝欧

印刷厂：北京邮票厂

全套面值：3.60元

知识百花园

马是中华民族最崇爱的动物之一，龙马精神也是中华文化积淀中最宝贵的一部分。好马一般都不是老死或病死的，而是因为劳累过度而死在奔跑向前的途中，"马不停蹄"指的就是这种境界。

邮票解析

图2-1【马到成功】画面上这匹白底黑线条的泥塑马，系陕西省凤翔县纸坊乡六营村的民间艺人胡深老汉所制作，年已72岁，马头微偏，通体浑圆饱满，既威武健壮，又活泼可爱。特别是双目用墨传神，马背上绘制的马鞍十分精致，带有3个串铃，马项上画有4块马鬃。其造型独具匠心，个性明显，艺术风格朴实淳厚，散发出浓郁的乡土气息。邮票画面不留白边，喜庆的红色铺满整个票面，将这匹黑白线条的小马驹衬托得格外潇洒英俊。

图2-2【壬年大吉】画面主体为一楷书"马"字，在红色斗方和各种艳丽花卉的映衬下，显得分外端庄、有力和遒劲。邮票画面的背景中，还散布着各种字体的马字，不仅展示了中国传统书法艺术，而且为往年以花窗和灯笼为主要表现手段注入了现代艺术语言形式，祈祝马年吉祥，事业有成。

癸未年 （T）

发行日期：2003.1.5

（2003-1）

2-1癸未大吉　　　80分　　　　　　　4620万枚

2-2三阳开泰　　　2.00元　　　　　　3800万枚

邮票规格：26 mm × 31 mm

齿孔度数：11.5度

整张枚数：32枚（版式1），8枚（版式2），6枚（版式3）

版　　别：影雕套印

设计者：王虎鸣

雕刻者：李庆发、姜伟杰

印刷厂：北京邮票厂

全套面值：2.80元

认识邮票中的文学与生肖故事

135

农历癸未年，即羊年。这是我国发行的第二轮生肖邮票的第12套。整套邮票作为新年祝福的祥瑞之礼物，祝福人们在新的一年里四季平安，吉祥富贵。

图2-1【癸未大吉】选用陕西凤翔民间工艺品——彩绘泥塑花羊，造型生动、可爱，色彩饱满艳丽、喜庆吉祥。

图2-2【三阳开泰】采用剪纸形式，将两只羊与汉字楷体"羊"组合为一体，构成"三羊"的图形，寓意"三阳开泰"。

甲申年（T）

发行日期：2004.1.5

1-1

（2004-1）

1-1甲申年　　80分　　　5 200万枚

邮票规格：36 mm×36 mm；小本票规格：121 mm×88 mm

齿孔度数：13度

整张枚数：24枚（版式1），6枚（版式2）

版别：影写版

设计者：陈绍华

印刷厂：北京邮票厂

小本票售价：8.00元

2004年是农历甲申年，即猴年。这是第三轮生肖票的第1套。猴为常见的攀缘动物，在中国传统文化中意蕴深厚，吉祥的象征。方形的票面上，"猴三世"正笑眯眯地冲着我们乐，左手挠头，右手抱桃，憨态可掬，灵气毕现。

简洁的笔画、夸张艳丽的色彩，使之与第二轮生肖票产生了明显的"代沟"。整套邮票的亮点在鲜艳的猴头肖像和蟠桃上，不同的色块将猴脸分为左右两半，错落搭配和谐到位，白色的邮票底图上主要是红、黄、黑、绿等鲜明的色块，视觉层次分明，简约又好看。

祝愿人们在新的一年：时尚洋溢、和谐美满、四季平安、健康长寿。国家邮政局专门印制了含4枚生肖邮票的小版张，赠送给新邮预订户。另发行小版张和小本票。

乙酉年（T）

发行日期：2005.1.5

1-1

（2005-1）

1-1乙酉年　　　80分

邮票规格：36 mm×36 mm

齿孔度数：13度

整张枚数：24枚（版式1），6枚（版式2）

版别：影写版

设计者：吕胜中

印刷厂：北京邮票厂

小本票规格：121 mm×88 mm

小本票设计者：郝旭东

小本票售价：8.00元

2005年是农历乙酉年，即鸡年，第三轮生肖票的第2套。

鸡是十二生肖中的唯一禽类，古人誉鸡为德禽，因其有五德："头戴冠者，文也；足傅距者，武也；敌在前敢斗者，勇也；见食相呼者，仁也；守夜不失时者，信也。"刚柔并济的"鸡三世"采用了绘画、剪纸（鸡颈部）、刺绣（头部、牡丹花）、书法等多种手法，使人看了有美不胜收之感。

鸡冠、红白、鲜花显示了新年欢乐、祝福、传情的热烈气氛。雄鸡高唱，旭日东升，霞光满天，寓意乙酉鸡年吉祥如意、朝气蓬勃、蒸蒸日上。另发行小版张和小本票。

丙戌年（T）

1-1

（2006-1）

1-1丙戌年　　　　80分　　　　5 562.30万枚

邮票规格：36 mm×36 mm

小本票规格：121 mm×88 mm

齿孔度数：13度

整张枚数：20枚（版式1），6枚（版式2）

版　别：影写版

设计者：吕胜中

印刷厂：北京邮票厂

全套枚数：1枚

全套面值：0.80元

认识邮票中的文学与生肖故事

141

小本票设计者：吕胜中

小本票售价：8.00元

知识百花园

2006年是农历丙戌年，即狗年，第三轮生肖票的第3套。人们对狗的印象是温顺、忠诚、勇猛可爱。

狗属六畜之一，人们在新年时盼望"五谷丰登、六畜兴旺"。狗的叫声常给人们"旺"的寓意。"一旺百旺""旺旺生财"，更是祝福人们"万事兴旺"。

邮票解析

温顺忠诚的"狗三世"穿上了民族服装对襟马甲，鼻子、眉毛和嘴形成一个石榴图案，蓬松的五彩尾巴卷成寿桃形，两个前爪捧着绣球，身上装饰着莲花，爪子是一组佛手的形状。色彩鲜亮，传统吉祥。为主人看守门户和果实，立意国泰民安、富裕兴隆。另发行小版张和小本票。

丁亥年（T）

发行日期：2007.1.5

1-1

（2007-1）

1-1丁亥年　　　1.20元　　　　5 397.58万枚

邮票规格：36 mm×36 mm；小本票规格：121 mm×88 mm

齿孔度数：13度

整张枚数：20枚（版式1），6枚（版式2）

版　　别：影写版

设计者：陈绍华

印刷厂：北京邮票厂

全套枚数：1枚

全套面值：1.20元

认识邮票中的文学与生肖故事

小本票设计者：陈绍华

小本票售价：12.00元

知识百花园

2007年是农历丁亥年，即猪年，第三轮生肖票的第四套。一年春作首，六畜猪为先。猪是人类的好朋友，与人类的关系最为密切，它的一身都是宝。

邮票解析

邮票画面以平面的手法模拟木偶漆器玩具的立体感，表现了猪的憨态可掬的形态。猪妈妈慈祥地守护着自己的孩子，猪妈妈的形象充满了个性与人性的光彩，洋溢着亲情的温馨。体现了"家和万事兴"，表达了中国传统的"和"文化，即"和谐""和睦""和气生财"等。

画面用大红色为基调，营造了吉祥喜庆的气氛，可喻为当今"红红火火"的国力发展。并同时发行小本票。

戊子年（T）

发行日期：2008.1.5

1-1

（2008-1）

1-1戊子年　　1.20元　　　5 892.01万枚

邮票规格：36 mm×36 mm

齿孔度数：13度

整张枚数：20枚（版式1），6枚（版式2）

版　　别：影写版

设计者：于平、任凭

印刷厂：北京邮票厂

全套枚数：1枚

全套面值：1.20元

认识邮票中的文学与生肖故事

小本票规格：121 mm×88 mm

小本票设计者：夏竞秋

小本票售价：12.00元

知识百花园

2008年是农历戊子年，即鼠年，第三轮生肖票的第5套。

鼠是一种有灵性的动物，是顽强生命力和财富的象征。自古就有"鼠咬天开"的动人传说和"鼠送谷种""鼠送火种""鼠送光明"等故事。鼠在人们心目中是一种人文性动物。

邮票解析

所画之鼠会像人一样站立行走、穿红戴绿、敲锣打鼓、娶亲嫁女。戊子年邮票的鼠姑娘打扮得花枝招展，漂亮又活泼可爱。高翘的嘴巴、灵动的眼神、卷曲的长尾巴，令人联想到"鼠咬天开、鼠上灯台"等吉祥趣味的故事。佛手、百合花和花盆把生肖鼠衬托得更加漂亮。

寓意"美满多福、富贵满盆、百事和谐"的新年美好祝愿。生动的造型、亮丽的色彩、精妙的意境，使画面充满了喜庆、和谐和吉祥的气氛。并同时发行小本票。

己丑年 （T）

发行日期：2009.1.5

（2009-1）

1-1己丑年　　1.20元　　5 397.97万枚

邮票规格：36 mm×36 mm；小本票规格：121 mm×88 mm

齿孔度数：13度

整张枚数：20枚（版式1），6枚（版式2）

版　别：影写版

设计者：陈绍华

印刷厂：北京邮票厂

全套枚数：1枚

全套面值：1.20元

小本票设计者：陈绍华

小本票售价：12.00元

知识百花园

2009年是农历己丑年，即牛年，第三轮生肖票的第6套。

中国人爱牛、尊牛、敬牛。传统十二生肖中，"牛"代表勤劳致富、幸福安康，寓意脚踏元宝、身背如意，驮拉财富。"牛年"蕴含事业兴旺、风调雨顺、五谷丰登。

邮票解析

此枚邮票画面表现一头双目怒视、撒蹄狂奔、健壮倔强的雄牛，风驰电掣般地向我们飞驰而来，借以表达中国对改革开放的决心——无论征途有多少艰难险阻，那坚定的信念、顽强的意志，必将势不可当、勇往直前。雄牛的双目霸气十足，直视前方，充满牛劲，表达了对新一年的希望。并同时发行小本票。

庚寅年（T）

1-1

（2010-1）

1-1庚寅年　　　　1.20元　　　　5798。53万枚

邮票规格：36 mm×36 mm；小本票规格：121 mm×88 mm

齿孔度数：13度

整张枚数：20枚（版式1），6枚（版式2）

版　　别：影写版

设计者：马刚

印刷厂：北京邮票厂

全套枚数：1枚

全套面值：1.20元

认识邮票中的文学与生肖故事

小本票设计者：马刚

小本票售价：12.00元

知识百花园

2010年是农历庚寅年，即虎年，第三轮生肖票的第7套。

在干支纪年中，虎配地支"寅"，寅虎列子鼠、丑牛之后，居于十二生肖的第三位。虎天生具有王者风范，是勇气和力量的象征。民间视虎为神兽，常借它的威猛来扶正被驱邪。在中华民族悠久的历史文化传统中，虎作为一种崇高的权力和尊威的象征，常常与中华民族的象征"龙"相提并论，如"龙腾虎跃""龙争虎斗""藏龙卧虎"等。

邮票解析

此枚邮票画面塑造了一个气宇轩昂、活泼动人的卡通虎形象，威风凛凛的雄姿、华丽优美的条纹，透露出虎天生具有的王者气概。背景采用舞动的红绸与福字有机结合，活跃了年节气氛，寓意人们对虎年的期望与寄托，为人们带来新年的吉祥祝福。并同时发行小本票。